FALTPLAN

»Schreiben Sie uns!

Wir hoffen, dass Ihnen dieser Reiseführer gefällt und er Ihnen ein guter Begleiter auf einer außergewöhnlichen und spannenden Reise ist.

Weil ein Reiseführer von Erfahrungen lebt, sind wir an Ihren Erlebnissen interessiert: Haben Sie im Buch ein Restaurant entdeckt, das es nicht mehr gibt, eine Sehenswürdigkeit, die wir noch nicht aufgeführt haben, oder eine falsche Adresse? Dann schreiben Sie uns!

Wir nehmen jeden Hinweis und jede Kritik ernst und arbeiten kontinuierlich daran, die Bücher aktuell zu halten und immer weiter zu verbessern. Auch wenn wir nicht jeden Wunsch erfüllen können, machen wir uns immer Gedanken über Ihre Anmerkungen.

Schreiben Sie an: info@reise-know-how.de oder Reise Know-How Verlag Peter Rump GmbH, Postfach 140666, 33626 Bielefeld

Wenn sich Ihre Infos direkt auf das Buch beziehen, bitten wir um die Angabe der Seitenzahl und der Auflagennummer bzw. des Erscheinungsjahres. Besonders hilfreiche Beiträge belohnen wir mit einem Sprachführer Ihrer Wahl aus unserer „Kauderwelsch"-Reihe.

Herzlichen Dank und gute Reisen
Ihr Reise Know-How Verlag

Diesem Buch wurde hier ein herausnehmbarer Faltplan
Sollte er beim Erwerb des Buches nicht mehr vorhanden se
nach.

Liebe Leserin, lieber Leser,

ein unabhängiger Verlag für unabhängig Reisende – das sind wir, der Reise Know-How Verlag aus Bielefeld, eines der letzten Familienunternehmen in der Branche. Obwohl wir zu den größten Reiseführerverlagen Deutschlands gehören, ist der familiäre Umgang miteinander in allen Bereichen des Verlagslebens zu spüren: In der Geschäftsführung in zweiter Generation, in einer wertschätzenden Arbeitsatmosphäre, in der Nähe zu unseren frei arbeitenden Autorinnen und Autoren, im engen Austausch mit unseren Leserinnen und Lesern – und auch in der Zusammenarbeit mit Druckereien in Deutschland, in denen wir ausschließlich und regional unsere Bücher produzieren. Die sollen schließlich erst mit Ihnen auf große Reise gehen.

Alles, was wir in unsere Bücher und Landkarten stecken, soll Ihnen eines ermöglichen: Auf Ihre ganz eigene, individuelle Weise die Welt zu entdecken. Wir wünschen Ihnen viel Freude und unvergessliche Erlebnisse mit diesem Reiseführer.

Es grüßen herzlich
Peter Rump & Wayan Rump

Afrikas trendige Metropole

Auf die Frage nach der schönsten Stadt in Afrika bekommt man in vielen Fällen die Antwort: Cape Town. Die lebensfrohe „Mother City“ ist die älteste Stadt Südafrikas und ihre Lage am Kap der Stürme ist legendär. Die Menschen, die hier leben, sind relaxt und freundlich.

Es gibt fast keine Zeitverschiebung zu Europa, so können Besucher Sonne, Strand, Essen und Wein ohne Jetlag direkt genießen. Weinkenner und Gourmets schwärmen von der Qualität der hier angebauten Tropfen und den frischen Zutaten. Nicht nur bei den kulinarischen Newcomern élgr (s. S. 61) in der Bree Street und Dusk (s. S. 63) in Stellenbosch wird Essen regelrecht zelebriert.

Vom über 1000 m aus der auf Meeresniveau liegenden Stadt aufragenden Tafelberg erfasst man erst die ganze Pracht der Küsten, die die Stadt einrahmen: von Camps Bay 26 über Clifton 27 bis Blouberg 42.

Aber auch kulturell bietet die „Mother City“ viel. In Museen wie dem Zeitz MOCAA (s. S. 31) an der Waterfront, das an sich schon eine Sehenswürdigkeit ist, wird zeitgenössische afrikanische Kunst ausgestellt. Ein Kunstrundgang (s. S. 57) führt zu den interessantesten Künstlern und Galerien der Stadt.

Von den Cape Winelands in der direkten Umgebung Kapstadts mit vielen wunderschönen Weingütern und Restaurants in und um Stellenbosch, Paarl, Franschhoek und Wellington geht es auf der spektakulären Küstenstraße Clarence Drive 46 die False Bay entlang, in der sich zwischen Juni und November Glatt-, Schwert- und Buckelwale tummeln (s. S. 41).

Eines ist sicher: Wer einmal in Kapstadt war, will wiederkommen – und bleibt manchmal für immer.

Der Autor

Dieter Losskarn wurde in Würzburg geboren und lebt seit 1994 in der Nähe von Kapstadt – dort, wo die schönste Küstenstraße des Landes, der Clarence Drive, beginnt. Der gelernte Diplom-Geograf begann früh mit dem Reisen und dem Berichten darüber. Nach einem längeren Trip ans Kap blieb er dort „hängen“. Er ist Autor diverser Reisebücher und Bildbände, freier Journalist und Fotograf.

Schwerpunkte seiner Arbeit für südafrikanische und internationale Magazine sind Reise- und Motorthemen, daher ist er häufig in seiner Wahlheimat unterwegs, um Neues und Interessantes zu entdecken. Wenn Sie mehr erfahren wollen, folgen Sie Dieter Losskarn auf Facebook, Instagram oder seinem Youtube-Kanal LossKARn.

127kp Abb.: dl

Kapstadt auf einen Blick

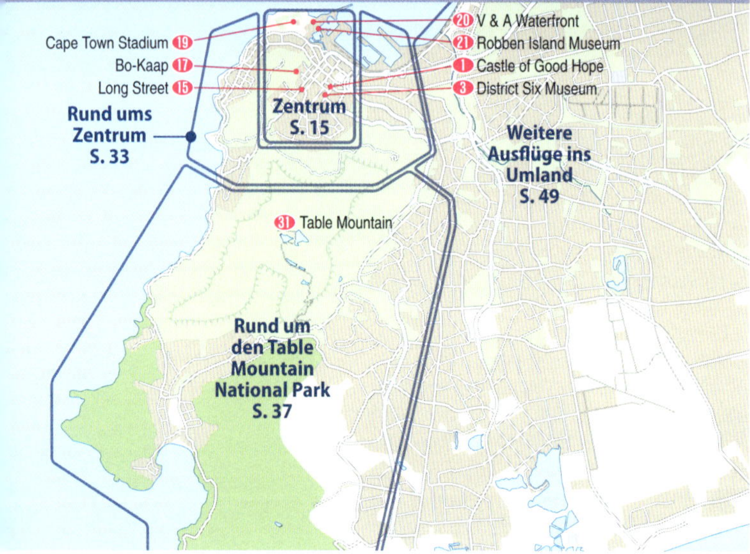

Inhalt

Cleveres Nummernsystem

Die Sehenswürdigkeiten sind im Text und im Kartenmaterial mit derselben **magentafarbenen ovalen Nummer** ❶ markiert. Alle anderen Lokalitäten wie Geschäfte, Restaurants usw. tragen ein **Symbol und eine fortlaufende rote Nummer** (1). Die Liste aller Orte und die Zeichenerklärung befinden sich im Anhang.

🦋 Der Schmetterling ...

... zeigt an, wo man Angebote im Bereich des nachhaltigen Tourismus findet.

Bewertung der Sehenswürdigkeiten

★★★ nicht verpassen
★★ besonders sehenswert
★ wichtig für speziell interessierte Besucher

Planquadrat im Kartenmaterial

[A1] Orte ohne diese Angabe liegen außerhalb unserer Karten. Ihre Lage kann aber wie die aller Ortsmarken mithilfe der begleitenden Web-App angezeigt werden (s. Anhang).

Vorwahlen
- für Südafrika: 0027
- für Kapstadt (muss auch vor Ort mitgewählt werden): 021

Updates zum Buch
www.reise-know-how.de/citytrip/kapstadt24

⊡ Alles so schön bunt hier: die farbenprächtigen Umkleidekabinen am Strand von Muizenberg (s. S. 113, 138kp Abb.: ©Benshot, stock.adobe.com)

NICHT VERPASSEN!

1 Castle of Good Hope [F7]
Das älteste Gebäude der Stadt war einst das Fort der Holländer und beherbergt heute ein interessantes Museum und das Hauptquartier der Armee (s. S. 15).

3 District Six Museum [E7]
Im Stadtteil District Six wurde bereits in den 1960er-Jahren ein friedliches Miteinander verschiedener Kulturen praktiziert. Das Museum lässt die Geschichte des Stadtteils wieder aufleben (s. S. 17).

15 Long Street [D7]
Hier findet man Hotels, Restaurants, Bars und viele Buch-, Secondhand- und Trödelläden zum stundenlangen Stöbern. Nachts geht die Post ab (s. S. 23).

17 Bo-Kaap [D6]
Kapstadts ältester Stadtteil blieb während der Apartheid-Zwangsräumungen vom Abriss verschont und somit originalgetreu erhalten (s. S. 25).

19 Cape Town Stadium [C2]
Das Cape Town Stadium in Green Point ist eine architektonische Perle und stiehlt dem Tafelberg, vor allem nachts, wenn es beleuchtet ist, fast ein wenig die Schau (s. S. 27).

20 V & A Waterfront [E2]
Der revitalisierte Hafen ist Südafrikas besucherstärkste Sehenswürdigkeit (s. S. 28). Ein Highlight ist das Zeitz MOCAA – Zeitz Museum of Contemporary Art Africa (s. S. 28).

21 Robben Island Museum [E2]
Südafrikas „Alcatraz“ ist vor allem dafür berühmt, dass Nelson Mandela hier den größten Teil seiner 27-jährigen Haftstrafe verbrachte (s. S. 29).

31 Table Mountain [ci]
Der Tafelberg ist Kapstadts Wahrzeichen. Wer fit ist, wandert hoch, die bequeme Alternative ist die Fahrt mit der Seilbahn (s. S. 38).

KAPSTADT ENTDECKEN

139kp Abb.: ©ArTo, stock.adobe.com

Willkommen in Kapstadt

Kapstadt ist Afrikas südlichste und trendigste Metropole. Den Besucher erwarten viele Sehenswürdigkeiten, ausgezeichnete Restaurants, abwechslungsreiche Geschäfte und stilvolle Übernachtungsmöglichkeiten. Natürlich kommen auch Musikliebhaber und Nachtschwärmer voll auf ihre Kosten. Naturbegeisterten bietet der mitten in der Stadt aufragende Tafelberg ein einzigartiges Wanderparadies und eine Oase der Ruhe.

Kapstadt ist nicht nur eine attraktive Stadt, sondern auch sehr **touristenfreundlich**. Außerdem ist aufgrund der **fehlenden Zeitverschiebung** gegenüber der mitteleuropäischen Zeitzone jeder Urlaubstag voll nutzbar.

Die City mit dem **historischen Stadtkern** erstreckt sich übersichtlich zwischen Tafelbucht und Tafelberg und ist daher leicht zu erkunden. So wird ein Rundgang nicht zum anstrengenden Marathon, da die **Hauptsehenswürdigkeiten** recht nahe beieinander liegen. Und dank des **Fan Walk** lassen sich Stadtkern, De Waterkant, Green Point, **Cape Town Stadium** 19 und **Waterfront** 20 ohne Probleme zu Fuß erreichen. Erst dieser klar definierte, mit orange-roten Backsteinen unterlegte Weg, der zur Fußball-WM 2010 angelegt wurde, hat die vorher voneinander isolierten Teile der Stadt fußgängerfreundlich miteinander verbunden – und tut es bis heute.

Im **City-Zentrum** gibt es viele interessante Museen und altehrwürdige, koloniale Bauten. In den multikulturell geprägten Straßen spürt der Besucher, dass er sich im quirligen Afrika befindet – Händler, Musiker und Blumenverkäufer belagern die Gehwege und preisen ihre Waren und Dienstleistungen an. Viele der Sehenswürdigkeiten befinden sich entlang der aufgrund der großen Anzahl an Museen „Museumsmeile" genannten Straße in **The Company's Gardens** 11, der grünen Lunge der Stadt, und in der Nähe der St. Georges Mall [E6], beides Fußgängerzonen.

◁ Vorseite: Vom Park am Castle of Good Hope 1 fällt der Blick auf die City Hall 2

Ältestes Gebäude der Stadt ist das **Castle of Good Hope** 1, an dessen Mauern früher das Meer brandete. Auf der anderen Straßenseite findet sich die **City Hall** 2, davor der große Platz der **Grand Parade** 2. Nur einen Katzensprung entfernt verlaufen mit der **Adderley Street** und der **Long Street** 15 die ältesten Straßen der Stadt, wo man stundenlang in interessanten Läden stöbern kann. Von der Long Street zweigt die **Church Street** ab, wo täglich (wetterabhängig) ein Antikmarkt im Freien stattfindet. Um die Ecke befindet sich mit dem **Greenmarket Square** 5 das Zentrum der Stadt. Straßencafés laden zu einer Pause ein, außerdem wird hier Kunsthandwerk verkauft.

Ausdauernde schaffen es auch zu Fuß zur **Talstation** (s. S. 38) der **Table Mountain Aerial Cableway**, vor allem im Sommer empfiehlt es sich aber, ein Taxi oder den Sightseeingbus (s. S. 11) zur Seilbahn-Talstation zu nehmen, denn der Weg zum **Nationalpark** 31 ist steil.

Das Viertel De Waterkant [E4], auch **Cape Quarter** genannt, besticht mit seinen Geschäften, Restaurants und Boutiquehotels. Cape Quarter geht direkt in den ältesten Stadtteil, das Moslemviertel **Bo-Kaap** 17, über.

008kp Abb.: dl

Hier fühlt man sich in die Vergangenheit versetzt – und nach Nordafrika. Steile, kopfsteingepflasterte Straßen, Männer in langen, wallenden Gewändern, Frauen mit Kopftüchern oder verschleiert und Moscheen, von deren Minaretten ein Muezzin zum Gebet ruft. Ebenso nahtlos geht es nach **Green Point**, wo bereits das **Cape Town Stadium** (19) ins Auge fällt. Das Design wirkt luftig-leicht und ist der lokal vorkommenden Ohrmuschel, der Abalone, nachempfunden. Hinter dem Stadion wartet eine der Top-Sehenswürdigkeiten Südafrikas und absoluter Besuchermagnet, das Hafenviertel **V&A Waterfront** (20).

Das attraktive Cape Town Stadium (19) stiehlt dem Tafelberg (31) fast die Show

Kurztrip nach Kapstadt

Drei Tage geben dem Besucher bereits einen guten Einblick in die „Mother City" und ihre unmittelbare Umgebung. Wer kann, sollte allerdings länger bleiben oder aber wiederkommen, was die meisten, die einmal hier gewesen sind, sowieso tun.

Erster Tag – Cityzentrum

Ein großer Vorteil Kapstadts besteht darin, dass es praktisch **keinen Zeitunterschied zu Mitteleuropa** gibt (s. S. 119). Damit fällt der lästige Jetlag weg und schon der erste Urlaubstag lässt sich relaxt angehen. Mit Kindern bietet sich ein Spaziergang in den herrlichen **Company's Gardens** (11) an, dem kleinen botanischen Garten im Cityzentrum. Im gleichna-

100kp Abb.: dl

migen Restaurant (s. S. 62) trinken die Eltern Cappuccino, während die Kids sich auf dem Spielplatz davor austoben.

Kunstliebhaber werden es wahrscheinlich kaum erwarten können, das architektonische Meisterwerk des **Zeitz Museum of Contemporary Art Africa** 22 im Silo-Distrikt der Waterfront zu erkunden. Im gleichen Komplex befindet sich das Silo Hotel (s. S. 122), auf dessen Dachterrasse Romantiker den wohl aussichtsreichsten Sundowner der City genießen können.

Geschichtsinteressierte kommen um das **Castle of Good Hope** 1 genauso wenig herum wie um das **District Six Museum** 3, das sich eindrucksvoll mit der jüngeren Historie Kapstadts beschäftigt. In der gleichen Straße findet sich auf der gegenüberliegenden Seite Truth Coffee Roasting (s. S. 68), eine Kaffeerösterei mit Coffee Shop im coolen Steampunk-Ambiente, die schon mehrfach zum besten Kaffeeladen der Welt gekürt wurde.

Die von historischen Gebäuden gesäumte **Long Street** 15 ist abends eine beliebte Partymeile. Dafür lässt es sich hier tagsüber geruhsam in den **zahlreichen Shops** zwischen Secondhand und Trödel bis hin zu afrikanischem Kunsthandwerk stöbern.

Dass man in Kapstadt auch hervorragend essen kann, ist schon seit Langem kein Geheimnis mehr. Die parallel zur Long verlaufende **Bree Street** [D6] hat sich in den letzten Jahren zur **Gourmetmeile** der City entwickelt. Hier können sich Besucher tagelang durchessen.

Von der City aus führt dann der Stadtspaziergang (s. S. 13) direkt zur Waterfront.

Architektonisches Highlight: Silo-Hotel (s. S. 122) und MOCAA 22

Zweiter Tag – Kaphalbinsel

Nach dem Frühstück, englisch-deftig mit Eiern und Speck oder kalifornisch-leicht mit Croissants, Frucht-Smoothies und Joghurt, geht es mit dem Mietwagen auf der M3 aus der City hinaus. Der Ausflug um die **Kaphalbinsel** gehört zu Südafrikas schönsten Tagestrips – das gesamte Gebiet gehört zum Großraum Kapstadt. Erster Stopp ist **Groot Constantia,** Teil der Constantia Wine Farms 33 und nach **Steenberg** das älteste Weingut am Kap. Hier im Constantia Valley liegen die Weinbau-Wurzeln des Landes, die bis in das 17. Jh. reichen. Auf Groot Constantia gibt es ein kapholländisches Herrenhaus zu besichtigen, ein Restaurant und natürlich die Möglichkeit, die herrlichen Constantia-Weine zu verkosten. Kap-Gouverneur Simon van der Stel lebte hier von 1699 bis zu seinem Tod im Jahr 1712, danach kaufte und renovierte Hendrik Cloete das Haus. 1791 entstand der wunderschöne Fries des deutschstämmigen Bildhauers Anton Anreith – die prächtige Arbeit alleine ist bereits einen Besuch wert.

Nach so viel „flüssiger Kultur" steht wieder Natur auf dem Programm. Etwa zehn Minuten Fahrzeit von Constantia und nur 13 km vom Zentrum entfernt liegt Kapstadts botanischer Garten. In den **Kirstenbosch Botanical Gardens** 32 kann man leicht einen ganzen Tag verbringen und wer die Zeit hat, sollte dies auch tun.

Erster Ort an der False Bay ist **Muizenberg.** Das viktorianische Strandbad wurde jahrelang renoviert und erstrahlt nun wieder in altem Glanz. Ebenfalls viktorianisch sind die bunten Umkleidekabinen von St. James Beach. Der Strand mit dem Gezeitenpool **St. James Pool** (s. S. 41) ist attraktiv und kinderfreundlich. **Kalk Bay** 36 ist ein kleiner Fischerort, in dessen Hafen man prima Fisch essen kann. Und die Antik- und Trödelläden des Ortes warten auf

MEIN TIPP

Kapstadt mit dem City-Sightseeing-Bus entdecken

Eine gute Art und Weise, sich einen schnellen Überblick über Kapstadt zu verschaffen, ist mit dem oben offenen **City-Sightseeing-Bus.** Es gibt zwei Routen, die **rote** führt zu den wichtigsten Sehenswürdigkeiten der Stadt wie District Six Museum 3 und The Castle of Good Hope 1, die **blaue** die Küste entlang bis nach Hout Bay. Auf der roten Route gibt es 18, auf der blauen 14 Haltestellen. Auf Wunsch bekommt man einen Kopfhörer mit Kommentaren auf Deutsch.

Es gibt Tages- und Zweitagestickets, mit denen man jederzeit an den Haltestellen aus- und einsteigen kann, um in Ruhe die dortigen Sehenswürdigkeiten in Augenschein zu nehmen. Erwachsene bekommen die **Tickets online günstiger** und man erspart sich das Warten in einer Schlange am Kiosk.

- Das **Zweitagesticket** (Erw./Kinder 5–15 Jahre 375/250 Rand) gilt unbeschränkt für die rote und blaue Route und beinhaltet eine freie Bootsfahrt auf dem Kanal an der Waterfront 20 sowie eine Weintour in Constantia 33.
- Das **Eintagesticket**, entweder auf der blauen oder auf der roten Route, kostet 275/150 Rand.
- Weitere **Infos, spezielle Touren, Tickets, Karten der Routen** und **detaillierte Fahrpläne:** Tel. 5116000, www.citysightseeing.co.za

107kp Abb.: gs

Eine der schönsten Küstenstraßen der Welt: Chapman's Peak Drive 39

Schnäppchensucher. **Simon's Town** ist berühmt für seine historischen Gebäude an der Main Road und die **Boulders & Bettys Bay African Penguin Colonies** (s. S. 42) am von riesigen Granitfelsen gesäumten Boulders Beach, wo Pinguine mit den Besuchern baden.

In der **Walsaison** wird die Fahrt zum Kap noch interessanter als sonst. Zwischen Juni und November tummeln sich Hunderte von Glatt- und Buckelwalen in der False Bay, wo sie direkt von der Küstenstraße aus beobachtet werden können.

Am **Kap der Guten Hoffnung** 37, wo sich Südafrikas meistfotografiertes Schild mit der Aufschrift „Cape of Good Hope" befindet, und am **Cape Point** 37 ist fast immer die Hölle los. Die meisten Touristen fahren nur diese beiden Hauptsehenswürdigkeiten an und lassen die anderen interessanten Stichstraßen in diesem Teil des Table Mountain National Park aus. Ein Fehler, denn Buffels Bay, Platboom Beach oder Olifantsbos bieten einsame Strände und schöne Picknickmöglichkeiten.

Auf der wilderen Atlantikseite geht es wieder zurück in Richtung Kapstadt. Durch den recht verschlafen wirkenden Küstenort **Scarborough** mit hoher Althippie-Population geht es, vorbei an **Misty Cliffs**, einem beliebten Surferplatz, nach **Kommetjie** und **Noordhoek**, wo eine der schönsten Küstenstraßen der Welt beginnt. Den **Chapman's Peak Drive** 39 nach **Hout Bay** 40 sollte man im Nachmittagslicht fahren, wenn die untergehende Sonne seine Felsen rötlich leuchten lässt.

Dritter Tag – Tafelberg und Robben Island

Die zwei besten Ausflüge direkt von der City aus sind die Fahrt mit der Seilbahn bzw. eine Wanderung auf den **Tafelberg** im **Table Mountain National Park** 31 und die Bootsfahrt von der Waterfront nach **Robben Island** 21. Es empfiehlt sich, zunächst morgens Robben Island anzusteuern, wenn das Meer ruhiger ist, und danach den Tafelberg im wunderbaren Nachmittagslicht zu genießen. Wenn man die Tafelberg-Wanderung der Seilbahn vorzieht, kann sie allerdings bereits einen ganzen Tag in Anspruch nehmen.

Stadtspaziergang

Durch die City

Der Spaziergang, für den man mindestens einen halben Tag einplanen sollte, startet am kopfsteingepflasterten und verkehrsberuhigten **Greenmarket Square** 5. Hier befindet man sich im Herzen der Stadt. Wer noch nicht gefrühstückt hat, findet einige recht einladende Straßencafés mit Tischen und Stühlen im Freien.

Unter der Woche sind hier Dutzende von Ständen aufgebaut, an denen hauptsächlich Kunsthandwerk verkauft wird – es darf gefeilscht werden. Was den Platz außerdem so speziell macht, sind die wunderschönen **Art-déco-Gebäude**, die ihn begrenzen.

Am Ende der Fußgängerzone St. Georges Mall [E6] überquert man die Adderley Street und erreicht bereits die **Company's Gardens** 11, die grüne Lunge der Stadt. Hier befinden sich entlang der sogenannten Museumsmeile die interessantesten Museen.

In der Long [D7], Kloof [C7/8] oder Bree Street [D6] bzw. am Heritage Square [D5], einem wunderbar restaurierten historischen Häuserblock, gibt es viele Möglichkeiten zur Einkehr. Die Restaurantauswahl auf kleinem Raum ist hier enorm – von relaxt über afrikanisch bis elegant.

Jeden ersten Donnerstag im Monat haben Dutzende von **Kunstgalerien** in Bree und Church Street bis spät in die Nacht geöffnet. Es gibt meist kostenlos ein Glas Wein und Snacks. Oder

Routenverlauf im Stadtplan

Der hier beschriebene Spaziergang ist mit einer farbigen Linie im Stadtplan eingezeichnet.

Das gibt es nur in Kapstadt

- Der **Southeaster** (Südostwind) ist in Kapstadt unter dem Namen „Cape Doctor" (Kapdoktor) bekannt, da er aufgrund seiner Stärke und Intensität die schlechte Luft aus der Stadt bläst. Der kräftige Sommerwind hüllt dann den Tafelberg in eine weiße Wolke, die liebevoll „Tablecloth" (Tischtuch) genannt wird.
- **Fynbos-Vegetation:** Auf dem Tafelberg-Plateau gibt es mehr unterschiedliche Pflanzenarten als in ganz Großbritannien. Das kleinste Florenreich der Welt ist gleichzeitig das abwechslungsreichste. Einer der schönsten Vertreter ist die Protea, Nationalblume Südafrikas. Der Begriff „Fynbos" kommt aus dem Holländischen, bedeutet wörtlich übersetzt „feiner Busch" und ist die offizielle Bezeichnung für die gesamte Kapvegetation.
- 1967 fand in Kapstadt am Groote Schuur Hospital die erste, erfolgreiche **Herztransplantation** statt. Der inzwischen verstorbene Herzchirurg Chris Barnard wurde dadurch weltberühmt. Im **Heart of Cape Town Museum** 29 ist die Operation mit einem lebensgroßen Diorama nachgestellt.
- Was der Ayers Rock für Australien oder der Mount Everest für Nepal ist, sind der **Tafelberg** 31 und das **Kap der Guten Hoffnung** (Cape of Good Hope) 37 für Kapstadt: einzigartige und unverwechselbare Naturdenkmäler.

130kp Abb.: dl

man setzt sich in eines der Restaurants im Freien. Dann wird Kapstadts City so richtig lebendig.

An die Waterfront

Nach dem Überqueren der Buitengracht Street ist erst einmal Shopping angesagt, z. B. im Viertel De Waterkant [E4], von dort geht es praktisch nahtlos in **Bo-Kaap** 17 über, Kapstadts ältesten Stadtteil, der von dem Apartheid-Gesetz der getrennten Entwicklung verschont geblieben ist. Die schwarzen Einwohner mussten ihre Häuser also nicht für weiße Südafrikaner räumen. Im Gegensatz zum multikulturellen Viertel District Six, das in den 1960er-Jahren dem Erdboden gleichgemacht wurde, um Platz für „weißen" Wohnraum zu schaffen, trauten sich die National-Party-Politiker nicht an das **Moslemviertel** mit seinen zahlreichen Moscheen heran. Offensichtlich erwarteten sie massiven Widerstand. Dem Besucher bieten sich hier daher heute kleine, wunderschöne und farbenprächtige Häuser, kopfsteingepflasterte Straßen, Männer mit Fez und langen weißen Gewändern und Frauen mit Kopftuch oder ganz verschleiert – und das alles nur wenige Gehminuten von der modernen City entfernt. Problem des Viertels ist die Armut, die teilweise schon zum Verkauf der denkmalgeschützten Gebäude geführt hat. Die neuen Besitzer renovieren vollständig und gründlich und aus den ehemaligen Wohnhäusern werden Boutiquehotels und Geschäfte.

Wer mehr über die (Ess-)Kultur des Viertels erfahren möchte, sollte an der sehr empfehlenswerten **Bo-Kaap Cooking Tour** (s. S. 25) teilnehmen, die in einem der Originalhäuser in der Rose Street endet.

Für jene, die in der City noch nicht hungrig genug waren, bietet sich ein Mittagessen in der Hudson Street [D5] oder in einem der Restaurants im lauschigen Innenhof der Cape Quarter Lifestyle Village (s. S. 75) an – beides im Viertel De Waterkant, das auch Cape Quarter genannt wird.

Über den **Fan Walk**, der sich die Somerset Rd. [D4] entlangzieht und mit roten Backsteinen im Gehweg gekennzeichnet ist, geht es nach **Green Point**. Viele Bars und Restaurants flankieren die breite Straße. Schon von Weitem lässt sich das wunderschöne **Cape Town Stadium** 19 ausmachen. Eine Tour des von einem deutschen Architektur-

Kapstadts ältester Stadtteil Bo-Kaap 17 ist auch der bunteste

büro entworfenen Stadions ist sehr empfehlenswert.

Von hier ist es nur noch ein Sprung zur **Victoria & Alfred Waterfront** ⓴, die nach wie vor Südafrikas besucherstärkste Touristenattraktion ist. Neben unzähligen Shops gibt es auch einige sehr gute Restaurants – von indisch oder italienisch über afrikanisch bis zum Gourmet-Seafood –, in denen man ein gepflegtes Dinner, bei schönem Wetter an den Tischen im Freien, einnehmen kann. Der ideale Platz, um sich von dem ausgedehnten Spaziergang zu erholen.

Das älteste Gebäude an der Waterfront ⓴: der Clocktower

Zentrum

Der eigentliche Stadtkern von Cape Town ist relativ klein und übersichtlich. Er wurde ursprünglich als Rastersystem angelegt, mit Straßen, die von Süd nach Nord und von West nach Ost verlaufen. Das macht die Orientierung einfach. Der Tafelberg als hoch aufragender Wegweiser tut sein Übriges. Historisch war das Castle of Good Hope die östlichste Begrenzung der Stadt, der untere Teil des Signal Hill, wo sich Bo-Kaap heute befindet, war im Westen Stadtgrenze. Im Süden war (und ist) es der Tafelberg, im Norden sind es die Company's Gardens und die Tafelbucht. Die Straßennamen Buitengracht, Buitensingel und Buitenkant („buiten" = außen) markieren die Grenzen der historischen Siedlung.

❶ Castle of Good Hope ★★★ [F7]

Die recht kleine, fünfeckige und von außen unscheinbare Festung wurde zwischen 1665 und 1679 mit aus Holland importierten Back- und Natursteinen sowie Kalkstein von Robben Island erbaut. Sie ist typisch für holländische Kolonialbauten von Amerika bis Asien. Bereits im April 1652, nur zwei Tage nach der Ankunft am Kap, begannen die ersten europäischen Siedler damit, ein Fort zu errichten, zunächst äußerst bescheiden mit Erdwällen und Holzpalisaden, dort wo sich heute die Grand Parade ❷ befindet.

Mit dem Kriegsausbruch zwischen Holland und England wurde eine ordentliche Festung dringend notwendig. **Baubeginn** war 1665 unter Ijsbrand Gosek, einem Militäringenieur, der später Kap-Gouverneur wurde.

Am Ende des Jahres war die Plattform bereits geebnet, eine Kirche erbaut und die gewaltigen Steinmauern begannen nach oben zu wachsen. Zwei Jahre später war Baustopp, die holländische Flotte war so erfolgreich, dass keine direkte Angriffsgefahr mehr bestand.

Erst 1671 wurden die Arbeiten wieder aufgenommen. Heute sieht man zwischen den beiden Bauperioden einen Unterschied in der Farbe der Steine. Komplettiert wurde das Castle 1679. Seine fünf **Bastionen** wurden nach den Stammsitzen benannt, die Prinz Wilhelm von Orange innehatte: Nassau, Oranje, Leerdam, Buren und Catzenellenbogen. Die Festung musste sich übrigens in seiner Geschichte nie einem Angriff erwehren. Trotzdem wäre sie im 19. Jh. fast demoliert worden, um Platz für ein moderneres Gebäude zu machen. Marie Koopmans-de Wet, Besitzerin des ebenfalls bis heute erhaltenen Koopmans-de Wet House 4, setzte sich aber massiv für den **Erhalt** des historischen Gebäudes ein.

Kap-Gouverneur Simon van der Stel ließ gleich zu Beginn seiner Amtszeit den Eingang zum Meer hin verschließen, da Springfluten immer wieder den Innenbereich der Festung fluteten. Stattdessen wurde der **heutige Eingang** mit dem **Uhrenturm** und dem ziselierten **Wappen** errichtet. Als die Briten die Macht am Kap im 18. Jh. übernahmen, blieb das Castle nach wie vor Mittelpunkt des sozialen Lebens in der Stadt.

Heute ist die Festung **Hauptquartier der regionalen Streitkräfte** des Western Cape. Besichtigt werden können neben dem eigentlichen Gebäude, dem ältesten der Stadt, auch die **William-Fehr-Sammlung** historischer Kunst und das **Militär-Museum.** Die Wachablösung *(changing of the guards)* in pseudohistorischen Uniformen findet Mo. bis Fr. um 12 Uhr im Burghof statt. Die Schlüsselübergabe *(key ceremony)* werktags 10 und 12 Uhr, gefolgt vom Abfeuern einer kleinen Schwarzpulverkanone.

› Ecke Darling/Castle St., Tel. 7871200, www.castleofgoodhope.co.za, geöffnet: tägl. 9–17 Uhr, geführte Touren Mo.–Sa. 11, 12, 14, 15 u. 16 Uhr, Eintritt Erw./Kinder 50/25 Rand, gehört zum Museumsverband Iziko

› Haltestelle des **City-Sightseeing-Busses** (rote Route)

2 Grand Parade und City Hall ★★ [E6]

Gegenüber dem Castle of Good Hope finden sich in der Darling Street der Grand-Parade-Platz und die City Hall. Das grandiose, aus Sandstein errichtete Rathaus wurde 1906 fertiggestellt und ist typisch für Rathäuser des Britischen Empire.

Die **Grand Parade** war einst militärischer Paradeplatz, später Flohmarkt und dann Parkplatz. Das **Rathaus** wurde durch **Nelson Mandelas** erste Rede nach 27-jähriger Gefangenschaft weltberühmt. Auf dem Hauptbalkon predigte er 1990 vor 70.000 Menschen Versöhnung statt Rache. Da während der Apartheid kein Bild oder Foto von ihm gezeigt werden durfte, war es das erste Mal in 27 Jahren, dass er von der Öffentlichkeit gesehen wurde.

Die **Außenfassade** des Gebäudes wurde in den 1990er-Jahren renoviert. Im Inneren finden sich einige **Stadtverwaltungsbüros** und die öffentliche **Stadtbücherei.** Das Rathaus besitzt auch eine attraktive **Konzerthalle,** Heimat des Cape Philharmonic Orchestra.

032kp Abb.: dl

3 District Six Museum ★★★ [E7]

Eindrucksvolle Erinnerung an einen Stadtteil Kapstadts, der von der einstigen Apartheid-Regierung dem Erdboden gleichgemacht wurde.

Das Museum erzählt eindrucksvoll die Geschichte des multiethnischen Stadtteils District Six, wo ein friedliches Mit- und Nebeneinander zu einem reichen Gemeinschaftsleben geführt hatte. Das wiederum lockte Künstler wie Kenneth Baker in das Viertel, die es zu einem kulturellen Zentrum Kapstadts machten. Unter Berufung auf den *Group Area Act* von 1950 wurde das Gebiet 1966 zu einem rein weißen Wohngebiet erklärt. 60.000 Menschen wurden daraufhin bis 1982 gewaltsam umgesiedelt, viele in das Township Cape Flats, ihre Häuser mit Bulldozern niedergewalzt. Ein Wiederaufbau des Viertels erfolgte nach der Zerstörung allerdings nicht. Erinnerungen einstiger Bewohner in Wort und Bild lassen die Ausstellungen lebendig werden.

› 25a Buitenkant Street, Tel. 4667200, www.districtsix.co.za, geöffnet: Mo.–Sa. 9–16 Uhr, Eintritt: 50 Rand, geführte Tour 120 Rand p. P.

› Haltestelle des **City-Sightseeing-Busses** (rote Linie)

Die City Hall mit Touristinformation (s. S. 108) befindet sich im Herzen der Stadt

4 Koopmans-de Wet House ★★ [E5]

Das neo-klassizistische Haus wirkt in der verkehrsreichen Strand Street und zwischen hohen, modernen Gebäuden mit Fast-Food-Filialen völlig fehl am Platz. Ein Relikt aus vergangenen Zeiten, kurz bevor die Macht der Holländer zu Ende ging.

Wie der Straßenname bereits andeutet, war an dieser Stelle früher Strand, bevor das gesamte Gebiet der heutigen Foreshore dem Meer abgerungen wurde. Das im späten 18. Jh. für eine sehr reiche Familie erbaute Haus lag also damals **direkt am Meer**, was Gemälde aus dieser Zeit eindrucksvoll belegen.

Die **Fassade** des Gebäudes stammt vom berühmten Kap-Architekten Louis Thibault und dem Bildhauer Anton Anreith. Im **Innern** des Hauses gibt es sehr schöne, am Kap hergestellte Möbel und eine unersetzliche Sammlung von Keramiken zu bewundern.

Die Familie de Wet erwarb das Haus 1806 und zu Beginn des 20. Jahrhunderts wohnte dort, nachdem ihre Eltern gestorben waren, die namengebende resolute Witwe **Marie Koopmans-de Wet** (1834–1906). Ihr Haus wurde so etwas wie ein **Promitreff** der Stadt und sie umgab sich hier bei Dinner und Kammermusik mit hochkarätigen Gästen wie Cecil John Rhodes, Sir Henry Bartle Frere, dem liberalen Afrikaner J. H. Hofmeyr und den republikanischen Landespräsidenten Brand, Reitz, Steyn und Kruger. Aber sie war auch eine Kämpferin, die sich für den **Erhalt des holländischen Kulturerbes** einsetzte, das immer mehr von der Afrikaans-Kultur vereinnahmt wurde. Während des Englisch-Burischen Krieges (Anglo-Boer War) zwischen 1899 und 1902 wurde sie unter **Hausarrest** gestellt, als sie gegen die Konzentrationslager der Engländer protestierte, in denen Tausende von Frauen und Kindern ums Leben kamen. Als sie starb, ging das Haus in den Besitz der Stadt über.

› 35 Strand St., Tel. 4813935, www.iziko.org.za/visit, geöffnet: Mo.–Fr. 10–17 Uhr, Eintritt Erw./Kinder 20/10 Rand, unter 6 Jahren frei, gehört zum Museumsverband Iziko

5 Greenmarket Square ★★ [E6]

Der kopfsteingepflasterte, über 300 Jahre alte Greenmarket Square ist einer der **schönsten und ältesten Plätze** der Stadt. Zu seinem Jubiläum wurde ihm ein Makeover verpasst und u. a. breitere Gehwege und eine Bühne für mittägliche Konzerte angelegt.

Fast immer stehen die **Stände** der Kunsthandwerks-, Modeschmuck-, Leder- und Klamottenverkäufer am Platz. Außerdem ist Gregory da Silva, der „Egg Man" (www.famouseggman.com) aus Benin, ein beliebtes Fotomotiv. Sein spektakulärer, sich ständig verändernder Hut ist eine Art „Wanderausstellung", wiegt meist so zwischen 25 und 30 kg und besteht aus Eiern, Masken, Federn und anderem Krimskrams.

Ursprünglich war der Greenmarket Square wie auch die Grand Parade 2 ein reiner **Handelsplatz.** Obst- und Gemüseanbauer karrten die frischen Produkte von ihren Farmen rund um den Tafelberg in die Stadt und nutzten andere Plätze der Stadt zum Ausspannen und „Parken" der Ochsen. Mit Erfindung des Automobils wurden praktisch alle dieser Freiräume zu Parkplätzen – anfangs mit dem Greenmarket Square als einzige Ausnahme. Mittlerweile haben einige Plätze in Kapstadt ihre ursprüngliche Funktion zurückerhalten.

Die beeindruckendsten Gebäude am Greenmarket Square sind die neogothische **Metropolitan Methodist Church** (Baubeginn 1876) und das **Old Town House** 6, das 1750 fertiggestellt wurde. Auf der westlichen Seite des Platzes steht das ehemalige **Shell House**, das dem Shell Mex House am Themseufer in London

033kp Abb.: dl

nachempfunden ist. Heute ist dort ein für die Innenstadt recht günstiges und komfortables Viersternehotel, das Onomo Hotel Cape Town – Inn on the Square (s. S. 121), untergebracht, von dessen Terrasse man einen schönen Blick über den Platz genießt. Umgeben ist der Square von einer Anzahl der schönsten und attraktivsten **Art-déco-Gebäude** Kapstadts: dem Market House (zw. Short Market St. und Longmarket St.), das einheimische Flora und Fauna zeigt, dem farbenprächtigen Namaqua House (Ecke Burg St./Shortmarket St.) und dem Protea Assurance House (Ecke Shortmarket St./Burg St.).

› Zwischen Shortmarket und Longmarket St., von der St. Georges Mall abgehend. Der Souvenirmarkt ist Mo.–Sa. 8–17 Uhr geöffnet.

⌃ *The Old Town House wurde im Cape Rococo Style errichtet*

6 The Old Town House ★ [E6]

Das 1750 fertiggestellte Town House im Kap-Rokoko-Stil am Greenmarket Square wurde entworfen, um **holländische Rechtsprechung** beeindruckend zu präsentieren. Vorher hatte sich an der Stelle ein reetgedecktes Haus aus dem Jahr 1716 befunden.

In seiner Anfangszeit beherbergte das **erste zweistöckige Haus der Stadt** sowohl den Bürgersenat *(Burgher Senate)* als auch die *Burgher Watch,* eine schnelle Eingreiftruppe, die sowohl Polizei und Feuerwehr in Personalunion war. Wenn etwas verkündet werden musste, wurde die Bevölkerung im 18. Jh. per Turmglocke zum Platz gerufen, denn Nachrichten wurden vom eleganten Balkon aus verlesen. Ein Kreis im Boden vor dem Eingangsportal markiert den Punkt von dem aus alle Distanzen in der Stadt gemessen wurden. Im 19. Jh. wurde das Town House zum **Gericht** und 1840, als Kapstadt Stadtrechte erhielt, übernahm es die Funktion des **Rathauses.** Ab 1917 war hier eine Kunstgalerie untergebracht, die holländische und flämische Meister präsentierte. Heute ist das Old Town House für die Öffentlichkeit geschlossen, kann also nur von außen betrachtet werden.

› 149 Longmarket St., Green Market Square, City

7 St. George's Cathedral ★★ [E6]

Im **halbdunklen Innern** der 1901 von Sir Herbert Baker entworfenen Kathedrale treten hupende Autos und lärmende Verkäufer auf der Wale Street in den Hintergrund. Eine sakrale, ehrfürchtige **Ruhe** breitet sich aus. Spektakulär sind die **schwarze Madonnenskulptur** und die **Bleiglasfenster** des französischen Künstlers Gabriel Loire, mit ungewöhnlichen Motiven wie einem schwarzen Christus, was die Bedeutung der Kirche im **Kampf gegen die Apartheid** unterstreicht. Hier predigte der damalige Erzbischof Desmond Tutu (1931–2021). Wegen Anti-Apartheid-Demonstrationen in dem Gotteshaus war die Kirche oft von Polizeikräften umstellt. Damals bekam sie den Beinamen *People's Cathedral,* die Kathedrale des Volkes.

› 5 Wale St., City, Tel. 4247360, www.sgcathedral.co.za, Mo.–Fr. 7–16.30 Uhr, Gottesdienste Mo.–Fr. 7.15 und 13.15 Uhr, Sa. 8 Uhr, So. 7, 8, 10 und 19 Uhr, Eintritt frei, Spenden willkommen

› Haltestelle des **City-Sightseeing-Busses** (rote Linie)

8 Slave Lodge Museum ★★ [E6]

Das 1679 erbaute und damit **zweitälteste Gebäude Kapstadts** (nach dem Castle 1) war ursprünglich als Unterkunft für die **Sklaven** der Vereenigde Oostindische Compagnie (VOC) bestimmt, die in der Folge akuten Arbeitskräftemangels aus Indien, Madagaskar, Ceylon, Malaysien und Indonesien ans Kap gebracht worden waren. Mit Abschaffung der Sklaverei im Jahr 1834 wurde das Haus zunächst Kapstadts erstes **Postamt,** später dann **Bücherei** und schließlich **höchster Gerichtshof.**

Heute beherbergt das Gebäude ein **Kulturmuseum** mit Exponaten zur Kap-Geschichte. Wohl am skurrilsten sind die sogenannten **Postal Stones** (Poststeine): Vom Heimweh geplagte Seeleute hinterließen unter großen gravierten Steinen am Strand in der Nähe der Schiffsanlegestellen Nachrichten und Briefe für durchfahrende Schiffe, in der Hoffnung, dass die Post in ihre Heimat gelangte. In unmittelbarer Nähe des Gebäudes, in der Spin Street, wurde zum Gedenken eine Plakette angebracht. Sie markiert die Stelle, wo der alte **Sklavenbaum** stand, unter dem die Sklaven an den Meistbietenden versteigert wurden.

› 49 Adderley St., Tel. 021 4608242, www.iziko.org.za/museums/slave-lodge, Mo.–Sa. 10–17 Uhr, Eintritt 60 Rand, unter 6 Jahre frei, gehört zum Museumsverband Iziko. Interessanter Museumsshop mit Büchern und ethnischen Souvenirs.

9 Groote Kerk ★ [E6]

Die wichtigste holländisch-reformierte Kirche im Land wurde 1704 erbaut und ist damit die älteste in Kapstadt. Bevor die Kirche gebaut wurde, fanden die Gottesdienste im Castle of Good Hope 1 statt.

Heute ist die Groote Kerk („Große Kirche") vor allem für ihre prächtige geschnitzte **barocke Kanzel** berühmt, die von dem deutschstämmigen

Meisterbildhauer und Holzschnitzer Anton Anreith 1789 angefertigt wurde. Die Anreith-Kanzel wird heute noch genutzt und ist eine der Preziosen Kapstadts. Die sie stützenden Löwen symbolisieren die Kraft des Glaubens, der Anker steht für die Hoffnung und die Urne auf dem Baldachin für die Sterblichkeit der Menschen.

Über die Jahre wurde das Gebäude immer weiter verändert und 1841 letztendlich komplett modifiziert und umgebaut. Heute ist von der ursprünglichen Außenhülle der Kirche nur noch der kaum sichtbare **Giebel** original erhalten. Die Front- und Rückfassaden sind eine ungewöhnliche Mischung aus gotischen und neoklassizistischen Stilelementen.

Dank der **freitragenden Decke** hat die Kirche eine **fantastische Akustik**, was sicherstellt, dass auch wirklich alle 5917 Pfeifen der beeindruckenden Orgel zur Geltung kommen können. Auf den Kirchenbänken der Galerie finden sich **„Kritzeleien“** aus dem 19. Jahrhundert im Holz, Hinterlassenschaften von offensichtlich gelangweilten, früheren Generationen von Kirchengängern.

› 39 Upper Adderley St., Tel. 4220569, www.grootekerk.org.za, geöffnet: Mo.–Fr. 10–14 Uhr, Gottesdienste So. 10 und 17 Uhr, Eintritt frei

10 Houses of Parliament ★ [E7]

Kapstadt ist Südafrikas **Parlamentssitz**, deshalb bricht einmal im Jahr der Verkehr in der Stadt zusammen, und zwar immer dann, wenn der Präsident seine jährliche Rede zur „Lage der Nation“ hält und der Polit-Jetset so aufgedonnert wie möglich erscheint. Das gut bewachte Gebäude besteht aus **roten Backsteinen** und großen **weißen Pilastern** und wurde 1864 fertiggestellt. Der größte Teil des Baumaterials wurde importiert.

› 90 Plein St., Tel. 4032266, www.parliament.gov.za/visiting-parliament, organisierte Touren: Mo.–Fr., Eintritt frei, Buchung eine Woche im Voraus, Reisepass mitbringen

11 The Company's Gardens ★★★ [D7]

Die grüne Lunge der Stadt ist ein wunderbarer Platz zum Ausruhen und Entspannen. Die Straße, die durch den Park führt, wird auch Museumsmeile genannt, weil sich hier Kapstadts Museen konzentrieren.

Mitten in der Stadt haben sechs von einst 18 Hektar Gemüsegarten „überlebt“. 1648 hatten **schiffbrüchige Seeleute** der Vereenigde Oostindische Compagnie (VOC) in der Nähe eines Frischwasserstromes, der vom Tafelberg herunterkam, Gemüsesamen gesät. 1652 legte der Meistergärtner der neuen Siedlung, Hendrik Boom, die ersten Beete an und von da an wurden die ankernden Schiffe der Holländer mit frischen Produkten versorgt.

Als die Farmwirtschaft zunahm, wurden die Company's Gardens mehr und mehr zu einem **botanischen Garten.** Kap-Gouverneur Simon van der Stel ließ seine Lieblingsbäume – Eichen – pflanzen und ein Netzwerk von Kanälen anlegen, die Wasser vom Berg in die Gärten leiteten. Nadelhölzer folgten, ebenso wie Rosen, Kräuter und medizinische Pflanzen. 1751 wurde Jan Andries Auge verantwortlicher Gärtner. Er setzte ausschließlich auf einheimische Pflanzen, die er auf seinen Reisen durch die Kapprovinz gesammelt hatte. Es gibt heute einige interessante Exemplare zu bewundern: Ein Saffraan-Birnbaum aus Holland, der zu Zeiten des ersten Kap-Gouverneurs Jan van Riebeeck gepflanzt wurde, ist der älteste kultivierte Baum im Land. Ein *Outeniqua Yellowwood Tree* (Gelbholzbaum) wurde Ende des 18. Jahrhunderts gepflanzt und die 17 Meter hohe Baum-Aloe *(tree aloe)* ist die höchste in Südafrika. Ein Maulbeerbaum soll aus Setzlingen gewachsen sein, die Riebeeck einst zur Seidenproduktion nutzen wollte, was aber nicht gelang, weil er die falschen Maulbeerbäume aus Holland geschickt bekommen hatte.

Heute wachsen **mehr als 8000 Bäume, Büsche und Pflanzen** in den Company's Gardens. Es gibt einen Farnbereich, einen Palmenhain, einen Kräutergarten, ein Fuchsia- und ein Gewächshaus.

Der Park wird von einigen der schönsten **historischen Häuser** Kapstadts gesäumt. Es gibt ein kleines Café, wo man im Freien sitzen und die **Eichhörnchen** *(grey squirrels)* beobachten kann. Cecil John Rhodes brachte ein Pärchen von ihnen aus Amerika mit und ließ sie in den Company's Gardens frei. Heute leben Zehntausende von ihnen in und um Kapstadt. Bis 1803 wurde der obere Teil der Gärten als Zoo genutzt, die den Eingang flankierenden Stukko-Löwen von Anton Anreith sind heute noch zu sehen.

Empfehlenswert ist in diesem Zusammenhang auch das Restaurant Company's Garden (s. S. 62).

› Government Ave., geöffnet: tägl. 7–19 Uhr, Eintritt frei, Eingänge an Adderley, Queen Victoria und Orange St.

12 South African Museum ★★ [D7]

Das South African Museum ist ein **Naturkundemuseum**, dessen zentrales Exponat ein 20,5 m langes **Walskelett** ist, das von der Decke hängt. Dazu werden Original-Walgesänge über Lautsprecher gespielt. Die Felskunstausstellung der San-Ureinwohner, früher politisch inkorrekt „Buschmänner" genannt, gibt einen faszinierenden Einblick in deren Kultur.

› 25 Queen Victoria St., Tel. 4813800, www.iziko.org.za/visit, geöffnet: tägl. 10–17 Uhr, Erw./Kinder 30/15 Rand, unter 5 Jahre freier Eintritt, gehört zum Museumsverband Iziko. Die Souvenirs

MEIN TIPP

High Tea im Nelly

Kapstadts ältestes und „englischstes" Hotel, das 1899 eröffnete **Mount Nelson** (s. S. 122), bietet den besten *Afternoon Tea* der Stadt. Beim **High Tea** gibt es über 60 verschiedene Tees zur Auswahl, alle in einem gläsernen *teapot* mit Sanduhr serviert, damit die Ziehzeit des Tees exakt bestimmt werden kann. Pianomusik klimpert leise im Hintergrund, während man pikante oder süße „Schweinereien" vom Buffet genießt. Es gibt u. a. typisch englische Gurkensandwiches, Räucherlachshäppchen, kapmalayische Spezialitäten, Petit Fours, Kuchen und Pasteten. High Tea wird Mi.–So. jeweils um 12 und um 15 Uhr serviert und muss mind. einen Tag im Voraus gebucht werden (auch online möglich). Wer hier ordentlich zuschlägt, braucht kein Abendessen mehr. Erwachsene zahlen 495 Rand, inkl. einem Glas Sekt.

› www.belmond.com/hotels/africa/south-africa/cape-town/belmond-mount-nelson-hotel/afternoon-tea

im Museumsshop sind von den Ausstellungsstücken inspiriert. Das Café (Tel. 4247775) bietet eine nette Atmosphäre, Frühstück, leichte Gerichte, Kaffee, Tee.

› Haltestelle des **City-Sightseeing-Busses** (rote Linie)

13 Planetarium ★★ [D7]

Mitten in den Company's Gardens befindet sich Kapstadts Planetarium. In bequemen Sesseln genießt man einen perfekten **Südhalbkugel-Nachthimmel**, den die Minolta-Sternmaschine an die Kuppeldecke wirft. Die Chance, um ein für alle Mal das richtige Kreuz des Südens zu lokalisieren. Es gibt sowohl Shows für Kinder als auch für Erwachsene.

› 25 Queen Victoria St., Tel. 4813900, www.iziko.org.za/museums/planetarium, Shows: Mo.–Fr. 14 Uhr (außer 1. Montag im Monat), Di. 20 Uhr, Sa., So. 13 und 14.30 Uhr, Kindershow: Sa., So. 12 Uhr, Eintritt 100 Rand, gehört zum Museumsverband Iziko

› Haltestelle des **City-Sightseeing-Busses** (rote Linie)

14 South African National Gallery ★★ [D7]

In der Nationalgalerie haben seit dem Ende der Apartheid auch schwarze Künstler einen Platz gefunden.

Schwermütig stimmende **Ölgemälde** finden sich so neben erfrischender **Recyclingkunst** aus den Townships. Die farbenprächtigen Malereien der **Ndebele** werden ebenso präsentiert wie die Werke von **Xhosa, Zulu** und **der anderen neun südafrikanischen Stämmen.** Regelmäßig finden auch **Fotoausstellungen** statt.

In dem gemütlichen Gallery Café kann man Getränke und kleine Gerichte zu sich nehmen. Der Gallery Shop verkauft Postkarten und Drucke sowie Township Art und andere interessante Souvenirs.

› Government Ave., Company's Gardens, Tel. 4674660, www.iziko.org.za/visit, geöffnet: tägl. 10–17 Uhr, 60 Rand, Kinder unter 6 frei, gehört zum Museumsverband Iziko

15 Long Street ★★★ [D7]

Die Long Street ist die nach der Adderley Street zweitälteste, berühmteste und früher berüchtigtste Straße der Stadt. Im alten Kapstadt einst der Platz, um zu sehen und gesehen zu werden, bietet die Long Street heute ein Kaleidoskop aus Antik-, Second-

036kp Abb.: dl

Die Long Street ist die Lebensader der Stadt

Die Gegend rund um die Long Street ⑮ bietet Shoppingfans viel Interessantes

035kp Abb.: dl

hand- und Buchläden, Bars, coolen Restaurants und trendigen Boutiquehotels.

Die einst komplett heruntergekommene und vernachlässigte Bausubstanz wurde in den 2010er-Jahren gründlich liebe- und stilvoll restauriert und renoviert. Die Long Street hat eine **atemberaubende Metamorphose** durchgemacht und strahlt fast vollständig in hellerem als ihrem alten Glanz. Die Straße erschließt sich dem Besucher am besten bei einem gemütlichen **Bummel,** die eine Seite hoch, die andere Seite hinunter, sodass man die teilweise **wunderschönen Fassaden** mit den schmiedeeisernen Balkongeländern, die an New Orleans erinnern, gut betrachten und fotografieren kann. Die Long Street verbindet den Berg mit dem Meer. Mit dem Rücken zum Berg stehend, sieht man in der Ferne die Schiffe in der Tafelbucht und den Bloubergstrand.

Die Straße kann viele **Geschichten** erzählen, wie die von dem Mann, der wertvolles Silber von Paul Storr aus dem 18. Jh. in einem Trödelladen kaufte. Heute ist das Stück im Metropolitan Museum in New York ausgestellt. Schnäppchen, wenn auch vielleicht nicht solche, können in den endlosen Tiefen der Long Street noch immer ergattert werden. Manche männlichen Besucher trafen auch schon ihre Traumfrau in einer der Bars, nur um wenig später herauszufinden, dass es sich um ein Mitglied des eigenen Geschlechts handelte. **Moffies** werden diese in der Long Street verkehrenden „Verkleidungskünstler" in Kapstadt genannt.

Die **Gebäude** in der Straße scheinen einem Fachbuch für die stetig wechselnde Architektur in Kapstadt entnommen. Die Häuser reichen von den ersten kolonialen Anfängen bis zur Gegenwart. Nummer 206 ist Kapstadts üppigstes viktorianisches Gebäude mit schnörkelhaften Metallarbeiten, Türmchen und extravaganten Giebeln.

Die Macher des Grand Daddy (s. S. 123) haben hier vor Jahren Häuser erworben und stilvoll „neu erfunden". Neben zwei **Boutiquehotels** entstanden **Theater** und **Restaurants.**

⑯ Palm Tree Mosque ★★ [D6]

Eine große Palme markiert die Position von Kapstadts **zweitältester Moschee,** der sogenannten Palmen-Moschee, die sich zwischen einer Bar und einem Klamottenladen befindet. Namensgeber waren im 19. Jh., als die Moschee aus einem Wohnhaus entstand, zwei **Palmen im Eingangsbereich,** von denen eine, die oben erwähnte, heute noch steht. Eine weitere wurde gepflanzt, aber sie sieht momentan noch recht unscheinbar aus.

› 185 Long St., City, Tel. 083 4444613, Eintritt frei, nach telefonischer Vereinbarung

17 Bo-Kaap ★★★ [D6]

Am Fuße des Signal Hill liegt dieser älteste und lebendige Stadtteil Kapstadts. Bo-Kaap wirkt mit seinen kopfsteingepflasterten und steilen Straßen, bunten Häusern, Männern in Kaftans und verschleierten Frauen fast ein bisschen wie Nordafrika.

In Bo-Kaap, was so viel bedeutet wie „oberhalb von Kapstadt" – also die Oberstadt –, wird das alte Kapstadt lebendig. Begrenzt wird der Stadtteil, der auch als *Malay Quarter* bekannt ist, von Wale, Rose und Waterkant Street und im Norden vom Signal Hill, und er ist ungewöhnlich für Kapstadt, weil sich hier das Leben noch auf der Straße abspielt. Menschen sitzen auf ihren Veran-

MEIN TIPP

Kochen in Bo-Kaap

Essen ist Kultur und Tradition, die **Bo-Kaap Cooking Tour** ist daher die beste Möglichkeit, dem geschichtsträchtigen, bunten Stadtviertel näher zu kommen. Treffpunkt ist schon morgens am **Rose Corner Superette** (s. S. 80) in der Wale Street. Zayed, der die Tour leitet, ist hier aufgewachsen und weiß bei einem Spaziergang durch Bo-Kaap sehr viel Interessantes über Kapstadts ältesten Stadtteil zu erzählen. Er kennt natürlich alle Läden, in denen die Gruppe die Zutaten fürs gemeinsame Kochen in seinem Haus findet. Bei der **Atlas Trading Company** (s. S. 79) gibt es so interessante Dinge wie die Schwiegermutter-Currymischung, frischen Ingwer oder Gewürze aus Tausendundeiner Nacht – eine visuelle und aromareiche Erfahrung.

Gekocht wird dann unter detaillierter Anleitung von Zayed und seiner Frau Zoelfa in deren Haus in der Rose Street. Danach gibt es die selbst zubereiteten Gerichte zum Lunch.

› **The Bo-Kaap Cooking Tour,** www.bokaapcookingtour.co.za, Dauer 3½ Std., Teilnehmerzahl 4 bis 10 P., Preis 1460 Rand p. P., auch ohne Kochkurs möglich (mit Lunch 990 Rand p. P.)

037kp Abb.: dl

Eine mit Kopfsteinpflaster versehene Straße im Viertel Bo-Kaap

das, Männer rauchen Wasserpfeifen, Frauen hängen Wäsche auf, Nachbarn unterhalten sich über niedrige Mauern hinweg und Kinder spielen Ball. Würzig-scharfe Küchengerüche dringen aus den Fenstern und über allem schwebt der charakteristische Sound des Muezzins, der zum Gebet ruft.

Die Highlights dieses Stadtteils sind das **Bo-Kaap Museum** (s. S. 54) und natürlich die vielen kleinen **farbenprächtigen Häuschen.** Sie entstanden in den 1780er-Jahren auf der damaligen Farm Walendorp, deren Besitzer, ein gewisser Jan de Waal, sie baute, um sie zu vermieten. Die Wale Street ist übrigens nach der alten Farm benannt. In dieser Zeit entwickelte sich der **prägende Architekturstil des Districts** mit Reihen von Zweizimmer-Flachdachhäuschen, deren Front zur Straße hin zeigt und die mit engen Passagen voneinander getrennt sind.

Viele haben kleine Verandas ohne Dach und einen kleinen, im Sommer kühlen Innenhof. Außerdem haben viele Häuser noch heute ihre originalen Schiebefenster und das Originalglas, was in einem innerstädtischen Viertel sehr selten ist und damit zusammenhängt, dass die Menschen hier nicht genug Geld verdienten, um zu modernisieren. Bo-Kaap weist somit Kapstadts größte Konzentration von **Prä-1850er-Architektur.** In einigen der Gebäude leben noch die direkten Nachkommen der ersten Bewohner.

Mitten im moslemischen Viertel steht die **älteste Moschee Südafrikas** mit ihrem beeindruckenden Minarett. Sie entstand im späten 18. Jahrhundert, nachdem die britische Regierung Religionsfreiheit am Kap gewährte, aus einem Lagerhaus in der Dorp Street. Das Land wurde von Saartjie van de Kaap gestiftet, der Tochter eines befreiten Sklaven.

★1 [D6] **Auwal Mosque,** 34 Dorp St., Bo-Kaap, Tel. 4221671, Eintritt nur nach vorheriger telefonischer Vereinbarung

18 Noon Gun ★★ [C4]

Jeden Tag (außer sonntags) wird exakt um 12 Uhr die sogenannte „Noon Gun" abgefeuert. Dabei handelt es sich um **Kapstadts älteste Tradition** und das einzig wirklich zuverlässige und immer pünktlich stattfindende Ereignis. Der Brauch begann 1806, als **Kanonen** dazu benutzt wurden, den Schiffen in der Bucht die Zeit zu signalisieren.

Wer möchte, kann den Ursprung des Knalls, die feuernde Schwarzpulverkanone, besichtigen. Hierzu fährt man durch Bo-Kaap 17 und dann auf einer kleinen, engen Straße die Flanke des Signal Hill 28 hoch. Die Aussicht von oben auf Stadt, Meer und Stadion ist fantastisch. Hier oben lädt und feuert die südafrikanische Marine täglich die Kanonen. Die beiden hier vorhandenen Geschütze sind die ältesten in der Welt, die noch täglich benutzt werden. Die zweite dient als Reserve, falls die erste mal ausfallen sollte.

› Military Rd., Bo-Kaap, von der Ecke Bloem/Buitengracht St. den Schildern „Noon Gun" folgen, www.capetownmagazine.com/noon-gun

Blick vom Signal Hill 28 auf das Cape Town Stadium

038kp Abb.: dl

⑲ Cape Town Stadium ★★★ [C2]

Das einer marinen Ohrschnecke, der Abalone, nachempfundene Cape Town Stadium ist eine architektonische Perle zwischen Tafelbucht und Tafelberg und stiehlt vor allem nachts, wenn es beleuchtet ist, Letzterem fast die Show.

Das Stadion, seit 2021 nach seinem Sponsor **DHL Stadium** genannt, wurde anlässlich der 2010 in Südafrika stattfindenen Fußball-WM erbaut. Empfehlenswert ist die organisierte einstündige Stadiontour, die im Visitor Centre beginnt. Besucher sehen das weitläufige Areal und die verschiedenen Ebenen des Stadions. Highlights sind die VIP-Sektion, der Medien-Konferenzraum, die stadioninterne Polizeistation und die Umkleideräume der Spieler. Besucher dürfen auch durch den Spielertunnel an (aber nicht auf) den heiligen Rasen treten.

Der **Fan Walk** ist eine 2,6 Kilometer lange Route, die Kapstadts Hauptbahnhof mit dem Stadion verbindet. Sie ist mit orangefarbenen Steinen gepflastert und die Hauptdurchgangsstraßen werden auf Brücken überquert. Auch ist der Fan Walk seit der WM der beste und sicherste Weg, um von der City zu Fuß nach Green Point und zur Waterfront zu gelangen.

Direkt um das Stadion herum befindet sich der 85 Hektar große **Urban Park**, der „Central Park" der Mother City: eine öffentlich zugängliche Grünanlage, die unter anderem über einen Neunloch-Golfplatz verfügt – und eine eigene Stadt-Rennstrecke.

Am 25. 2. 2023 fand mitten in Kapstadt, vor der Kulisse des Tafelbergs, zum ersten Mal ein **Grand-Prix-Rennen der Formel E** mit vollelektrischen Boliden statt. Wo sonst Taxis im täglichen Stau stehen, fliegen während der E-Races Renner mit bis zu 300 km/h fast lautlos vorbei. Ein

Spektakel für Anwohner und die Zuschauer auf den Tribünen (www.capetowneprix.com).

› Fritz Sonneberg Rd., Green Point, Tel. 4170101, www.dhlstadium.co.za, Touren nach Vereinbarung (s. Website), meist vor oder nach Events im Stadion

20 V & A Waterfront ★★★ [E2]

Die Victoria & Alfred Waterfront, kurz Waterfront, war einst ein umtriebiger Hafen und ist heute ein Paradebeispiel, wie man ein früher heruntergekommenes Hafenviertel renoviert, ohne den ursprünglichen Charakter zu zerstören.

Benannt ist die Waterfront nach Queen Victoria und ihrem Sohn, Prince Alfred, der 1860 bei der Hafenkonstruktion den ersten Stein ins Meer warf. Bei der Runderneuerung des Geländes Ende der 1990er-Jahre wurden alte Gebäude wie der Clock Tower und das Captain's Building stilvoll restauriert. Neue Gebäude entstanden im alten Stil, einschließlich der Malls, die von außen wie Lagerhallen in einem Dockkomplex wirken.

Die V & A Waterfront eignet sich prima für ausgedehnte Spaziergänge. Viele Bänke laden zu einer Ruhepause ein. Die meisten Restaurants bieten einen Blick auf den Hafen oder den Tafelberg und Straßenkünstler und Bands sorgen für Unterhaltung. Highlights sind die Mall **Victoria Wharf** (s. S. 75), der **Red Shed Craft Workshop**, wo lokale Künstler an Ständen ihre Werke präsentieren, der **Market Square** mit dem **Amphitheater**, in dem häufig kostenlose Konzerte stattfinden, und die **Alfred Shopping Mall** mit dem **Nobel Square**, wo Statuen von allen vier mittlerweile verstorbenen südafrikanischen Nobelpreisträgern stehen: dem Freiheitskämpfer Nkosi Albert Luthuli, dem ehemaligen Kapstädter Erzbischof Desmond Tutu sowie den ehemaligen Staatspräsidenten Fredrik Willem de Klerk und Nelson Mandela.

Aufgrund des guten Preis-Leistungs-Verhältnisses in dieser touristischen Topattraktion finden sich hier auch sehr viele Kapstädter zum Einkaufen und Bummeln, für einen Kino- oder einen Restaurantbesuch ein.

› Tel. 4087600, www.waterfront.co.za, Haltestelle des **City-Sightseeing-Busses** (rote und blaue Linie)

Um in den **Clock Tower Precinct** der Waterfront zu gelangen, gilt es, eine **Schwingbrücke** zu überwinden. Sie öffnet sich, wenn große Schiffe vom Victoria- ins Alfred-Becken schippern. Der **Clock Tower** ist ein guter Startpunkt für einen Rundgang an der Waterfront. Der gotische Turm, der wie ein rotes Retro-Raumschiff aus dem nach ihm benannten Bezirk der Waterfront ragt, wurde 1882 erbaut und beherbergte einst das Büro des Hafenkapitäns. Ein dekorativer Spiegelraum im zweiten Stock gewährte dem Hafenmeister den vollen Überblick über das, was an und auf den Pieren vor sich ging. Direkt hinter dem Turm befindet sich eine Betonplattform, auf der sich oft **Pelzrobben** sonnen. Von hier, am **Nelson Mandela Gateway**, legt auch die Fähre nach **Robben Island** 21 ab.

★2 [E2] **Clock Tower**

Als der Clock Tower Precinct 1999 renoviert wurde, entdeckten Bauarbeiter die Überreste einer holländischen Geschützgruppe, der **Chavonnes Battery.** 1726 fertiggestellt, ist sie die **älteste Geschützbatterie Kapstadts.**

MEIN TIPP

Coolinarisch

Was 2014 in Lissabon begann und sich in New York, Miami, Chicago und Dubai fortsetzte, hat 2023 seinen Weg in die Mother City gefunden. Das Konzept der Time-Out-Märkte ist es, je nach Standort eine Fülle an typischen kulinarischen Spezialitäten der Region an Dutzenden von Ständen zu präsentieren – alles unter einem Dach. Hier finden sich u. a. stadtbekannte Köche und Cocktailmixer, um in 14 Küchen und vier Bars ihre Magie zu versprühen. Es gibt außerdem eine Bühne für Livekonzerte und viel Platz zum Sitzen, drinnen und draußen.

5 [E2] **Time Out Market** €-€€, Waterfront, Nobel Square, neben den Statuen der vier Nobelpreisträger, geöffnet: tägl. 9–18 Uhr

Sie wurde beim Bau des V & A-Hafenbeckens um 1860 verschüttet.

★3 [E2] **Chavonnes Battery,** unterhalb des Nedbank/Boe-Bürogebäudekomplexes, direkt rechts neben dem Cape Town Fish Market, www.chavonnesmuseum.co.za. Nach der Schließung wegen der Coronapandemie hat das Museum **noch nicht wieder geöffnet.** Neues zur Wiedereröffnung s. Website.

Auf 4000 m² sind im **Two Oceans Aquarium** rund 3000 Meeresbewohner aus dem Indischen und Atlantischen Ozean zu bewundern – vom Seepferdchen bis zum Pinguin. Im Predator Exhibit, mit 2 Mio. Litern Wasser der größte Tank im Komplex (mit 28 cm hat er auch die dicksten Acrylscheiben), leben die Räuber der Meere, *ragged tooth sharks,* und einige Mantarochen. Wer möchte, kann in Begleitung im I & J Ocean Exhibit auf Tauchstation gehen (am besten im Voraus buchen).

039kp Abb.: dl

★4 [D3] **Two Oceans Aquarium,** Victoria & Alfred Waterfront, Tel. 4183823, www.aquarium.co.za, tägl. 9.30–18 Uhr, Eintritt Erw./Kinder (14–17 Jahre)/Kinder (4–13 Jahre) 220/165/105 Rand (online günstiger), unter 3 Jahre freier Eintritt. Fütterungszeiten: Haitank tägl. 15 Uhr, Pinguine tägl. 11.45/14.30 Uhr. Tauchen im *shark tank:* mit Leihausrüstung 1045 Rand p. P., mit eigener Ausrüstung 790 Rand.

21 Robben Island Museum ★★★ [E2]

Auf der berüchtigten Insel Robben Island verbrachte Nelson Mandela 18 Jahre seiner 27 Jahre dauernden Haft. Bereits im Jahr 1525 saßen die ersten Gefangenen im „Alcatraz“ von

Fischige Vielfalt im Two Oceans Aquarium

Kapstadt ein und seither war die Insel Leprakolonie und Bannort für religiöse Führer, aufständische Sklaven, politische Aktivisten, Kriegsgefangene und Geisteskranke.

Die Robben-Island-Tour beginnt an der V&A Waterfront (20), gegenüber vom Clock Tower (s. S. 28), dem ältesten Gebäude im Hafen. Von dort geht es durch das Nelson Mandela Gateway mit ständiger Ausstellung, wo frühe Fotos sowie Originalbriefe und -dokumente von Nelson Mandela zu sehen sind, auf die beiden Fähren „Susan Kruger“ und „The Dias“. Letztere transportierte einst die politischen Gefangenen zur Insel.

Die Seepassage, die bei Wind recht heftig werden kann, dauert jeweils 30 Minuten für die Hin- und Rückfahrt. In der Vergangenheit liefen viele Schiffe, schon in Sichtweite der rettenden Tafelbucht, an der Inselküste auf. Zwei der jüngeren Wracks sind heute noch bei der Inselrundfahrt zu sehen.

Die Fähren legen in **Murray's Bay**, dem alten Hafen der Insel an, wo einst auch die Häftlinge an Land gebracht wurden. Wer Nelson Mandelas spannende und sehr empfehlenswerte Autobiografie „Der lange Weg zur Freiheit“ gelesen hat, wird die Ankunft auf der Insel wohl nicht ganz ohne Gänsehaut erleben. 1806 wurde der hübsche, kleine Hafen zu einer Walfangstation umgebaut. Doch 1820 wurde der Walfang wieder gestoppt, weil die unbewachten Schiffe eine zu große Versuchung für die Häftlinge darstellten.

Vom Hafen starten Minibusse zu etwa 45-minütigen Rundfahrten über die Insel, die nicht nur die Mahnmale der Apartheid-Vergangenheit zeigen, sondern auch die wunderschöne Fauna und Flora der Insel. Ehemalige Häftlinge und manchmal auch Wärter von Robben Island begleiten heute als Guides die Bustouren. Sie sprechen über ihre ehemaligen Wärter bzw. Gefangenen und die fürchterlichen Zustände, die die Häftlinge in den 1960er- und 1970er-Jahren im **Robben Island Maximum Security Prison** ertragen mussten.

Eine Station vor dem eigentlichen Gefängnisbesuch ist der **Kalksteinbruch**, in dem Nelson Mandela und seine politischen Mitgefangenen Steine klopfen mussten. Im Februar 1996 trafen sich hier die ehemaligen politischen Gefangenen der Insel, hoben jeder einen Stein auf und legten diesen vor dem Kalksteinbruch ab.

Als Nächstes steuern die Besucher den Hochsicherheitstrakt des Gefängnisses an, in dem sich eine der berühmtesten Zellen der Welt befindet, wo der Gefangene mit der Nummer **46664** einsaß – Nelson Mandelas winzige Zelle, in der er 18 seiner insgesamt 27 Jahre Haft verbringen musste. Wer als Besucher hier steht und Richtung Kapstadt aufs Meer blickt, dem fällt es schwer zu glauben, dass der 1994 zum ersten schwarzen Präsidenten des Landes gewählte Mandela nach seiner Freilassung 1990 von seinen Anhängern Versöhnung und nicht Vergeltung forderte.

› Tel. 4134220, 4134221, www.robben-island.org.za. Die Fähren legen täglich (wetterabhängig) um 9, 11 und 13 Uhr an der Waterfront (20) vor dem Clock Tower am Nelson Mandela Gateway ab. Erw./Kinder 600/310 Rand. Ausweise sind mitzuführen. Empfehlenswert ist eine Onlinebuchung vor Reiseantritt. Sollte vor Ort das Wetter nicht mitspielen, kann das Ticket umgetauscht werden.

㉒ Zeitz MOCAA – Zeitz Museum of Contemporary Art Africa ★★★ [E3]

Im neuen, coolen Silo District der Waterfront ⑳ befindet sich ein **architektonisches Highlight Kapstadts**, das 2017 eröffnete Zeitz Museum of Contemporary Art Africa. Es teilt sich den Gebäudekomplex der alten **Getreidesilos** mit dem Silo-Hotel (s. S. 122) und ist nicht nur architektonisch ein Meisterwerk, sondern ohne Zweifel auch eines der **bedeutendsten Museen Südafrikas** und eine Bereicherung für die weltweite Museumslandschaft. In den **80 individuellen Galerieräumen** des MOCAA stellen **afrikanische Künstler** des gesamten Kontinents ihre Werke aus.

Zwölf Jahre hat es gedauert, den fast 100 Jahre alten Industriekomplex in seine heutige Form zu bringen. Die gewaltigen, röhrenförmigen Betonspeicher wurden angeschnitten und die Schnittflächen poliert. So betritt man mit dem Foyer des Gebäudes eine einzigartige, **kolossale „Industriekathedrale“**. Dem Besucher eröffnet sich ein imposantes **Atrium**, von dem aus er die neun Stockwerke des Gebäudes entweder über einen der zwei ebenfalls röhrenförmigen gläsernen Fahrstühle oder eine offene Wendeltreppe erreichen kann. Seine charakteristische Anmutung erhält das Atrium durch den **stilisierten Umriss eines Getreidekorns**, das der Architekt in einem der Silos gefunden hatte. Er ließ es digital scannen und seine Konturen aus dem Beton der Silos schneiden. Die Hommage an die **agrar-industrielle Vergangenheit** des Gebäudes wird damit selbst zu einem atemberaubenden Kunstwerk, das nicht nur einen Besuch, sondern eine Reise wert ist.

104kp Abb.: dl

› Silo District, South Arm Road, Waterfront, www.zeitzmocaa.museum, Tel. 087 3504777, geöffnet: Mi.–Mo. 10–18 Uhr, Eintritt 230 Rand, Kinder unter 18 Jahren frei

㉓ Mouille Point Promenade und Green Point Lighthouse ★★ [A1]

Die Mouille Point Promenade beginnt, wo die Waterfront bei Granger Bay endet und geht nach dem Green Point Lighthouse in die Sea Point Promenade ㉕ über. An diesem Küstenabschnitt liefen besonders viele **Schiffe**

Die Beton-Kathedrale des Silo Hotels (s. S. 122)

auf Grund. Am 17. Mai 1865 ankerte die Athens, ein Postdampfschiff, in der Tafelbucht. Orkanartige Böen brachen den Anker und der Kapitän entschloss sich, aufs offene Meer hinauszufahren. Als das Schiff Mouille Point umrundete, brach eine gewaltige Welle über es hinweg und löschte die Kesselfeuer. Ohne Antrieb hilflos wurde die Athens an Land gespült und auf den Felsen zerschmettert. Der Motor des Wracks ist heute noch zwischen Green Point Lighthouse und Granger Bay zusehen. Er rostet dort auf den Felsen vor sich hin. 16 weitere Schiffe sanken an diesem Tag.

Heute finden sich auf der Promenade täglich **Jogger** und **Hundebesitzer** ein, aber es gibt auch einige **kinderfreundliche Einrichtungen** wie Spielplätze, einen motorisierten *miniature Blue Train,* den es seit über 50 Jahren gibt, ein Heckenlabyrinth und einen Minigolfplatz, der mit Flutlichtern beleuchtet wird und daher bis nach Sonnenuntergang geöffnet ist.

Das rot-weiß-gestreifte **Green Point Lighthouse** steht unter Denkmalschutz und ist der älteste sich noch in Betrieb befindende „Schiffsretter“ an der südafrikanischen Küste. 1824 hat der Leuchtturm zum ersten Mal das Meer erhellt und bis heute hat sich das nicht geändert.

› **Green Point Lighthouse,** 100 Beach Rd., Mouille Point, Tel. 4495171, geöffnet: Mo.–Fr. 10–15 Uhr, Eintritt frei

24 Woodstock ★★★ [dg]

Funky, innovativ und cool – das einst heruntergekommene ehemalige Kleinindustrieviertel Woodstock ist heute der angesagteste Stadtteil und das kreative Herz Kapstadts.

Was vor mehr als zehn Jahren mit der alten Keksfabrik **Old Biscuit Mill** (s. S. 81) begann, die stilvoll restauriert wurde und das Konzept der Wochenendmärkte in der Stadt initialisierte, hat den kompletten Stadtteil ergriffen. Alte, halb verfallene Komplexe wurden stilvoll renoviert und damit revitalisiert. In Woodstock gibt es trendige Kneipen, angesagte Restaurants wie das Three Feathers Diner (s. S. 62) und etliche Kunstgalerien. Alles etwas schräger und ausgefallener als im Zentrum. In Woodstock empfiehlt sich ein Spaziergang, denn hier finden sich die schönsten Graffiti der Stadt.

132kp Abb.: dl

› *Streetart im Künstlerviertel Woodstock*

Rund ums Zentrum

25 Sea Point Promenade ★★ [bg]

Noch beliebter zum Spazierengehen, Joggen und Hundeausführen als die Mouille Point Promenade ist die Sea Point Promenade. Familien picknicken außerdem an Wochenenden auf den **großen Grasflächen** und Kinder spielen Fußball. Das Highlight ist aber wohl der **Sea Point Pavilion,** Kapstadts schönster öffentlicher Swimmingpoolkomplex. So nahe am eiskalten Atlantik handelt es sich um eines der **spektakulärsten Freibäder** der Welt. Es gibt einen Salzwasserpool mit olympischen Ausmaßen, zwei kleinere *Splash Pools* und einen Tauchpool. Schwimmende Möwen vom nahen Ozean finden sich in jedem von ihnen.

S6 [bg] **Sea Point Pavilion,** Beach Rd., Sea Point, Tel. 4343341, geöffnet: Winter: tägl. 9–17 Uhr, Sommer: tägl. 7–19 Uhr, Eintritt Erw./Kinder 40/25 Rand

› Haltestelle des **City-Sightseeing-Busses** (rote und blaue Linie)

26 Camps Bay ★★★ [bh]

In Camps Bay befindet sich Kapstadts palmengesäumte Flaniermeile, wo sehen und gesehen werden an der Tages- und Nachtordnung steht.

„Bodygebuildete", bronzene und wohlproportionierte Körper sonnen sich am unglaublich **weißen Sandstrand,** dahinter brechen sich imposante Wellen und wühlen das türkisfarbene Wasser kurz auf. Entlang des Strips reihen sich **Restaurants** und **Bars** aneinander. Stühle und Tische im Freien sind heiß begehrt und die Parkplätze davor, wenn man in einem repräsentativen Fahrzeug unterwegs ist, ebenfalls. Der Grünstreifen zwischen Beach und Straße eignet sich gut für Picknicks. Der human temperierte **Gezeitenpool** am südlichen Ende des Strandes ist ideal für die Kids. Im Sommer ist hier die Hölle los.

› Haltestelle des **City Sightseeing-Busses** (rote und blaue Linie)

Der Strand von Camps Bay ist Kapstadts Flaniermeile

040kp Abb.: dl

27 Clifton ★★★ [bh]

Die vier kleinen, von Felsen separierten Clifton-Strände befinden sich vor Kapstadts teuersten Immobilien.

Hier sonnen sich Milliardäre und Filmstars auf den Balkonen ihrer „Hütten" für 20 Mio. Rand und mehr. Um zu den Stränden zu gelangen, geht man von der Victoria Rd. aus die Betontreppen hinunter.

Fourth Beach zieht die meisten Sonnenhungrigen an (und aus). Auch hier zeigen Mann und Frau, was sie haben. Third Beach ist der inoffizielle Schwulenstrand, Second Beach ist deutlich mehr relaxt und First Beach ist der abgelegenste und windgeschützteste der vier.

28 Lion's Head und Signal Hill ★★★ [bh/B5]

Wie die Sphinx in Kairo wacht der „Löwenkopf" über Kapstadt. Die teilweise steile Wanderung nach oben dauert bei durchschnittlicher Fitness etwa 2 Std. Die fantastische Aussicht auf den Tafelberg und den Atlantik lohnt aber die Anstrengung.

Kurz vor dem **Lion's-Head-Gipfel** gibt es zwei Wege nach oben: Die längere Variante führt einen Pfad entlang, die kürzere über adrenalinfördernde Ketten und eine Leiter. Bei Vollmond ist hier oben die Hölle los. Traditionell ist dann halb Kapstadt auf dem Weg nach oben, um den Mond über den Bergen aufgehen zu sehen. Dazu ein paar Gläschen Wein und der Abstieg im Mondlicht wird für viele zur Herausforderung. Vom Lion's Head starten auch die Paraglider zu ihrem Flug nach Camps Bay.

Zu Beginn der Kolonisierung wurde am **Signal Hill** die Flagge gehisst, wann immer ein Schiff in die

Township Life

In den Wellblechhütten der **Townships** schlägt Kapstadts afrikanisches Herz. Jedes einzelne von ihnen ist anders.

Langa („Sonne") ist das älteste formelle Township in der Western Cape Province. Ursprünglich wurde es als Siedlung für Wanderarbeiter gegründet. Während der Apartheid schlug die Polizei hier besonders hart zu. Das alte **Pass Law Office** (Ecke Lerotholi und Washington Street) zeugt noch von dieser Zeit. Ein Stückchen die Straße hinunter stellen Langas Künstler ihre Werke im mosaik-dekorierten **Guga S'Thebe Art and Cultural Centre** (Ecke Washington und Church Street, Tel. 6953493, http://gugasthebe.co.za) aus. Hier findet sich auch das Langa Visitor Centre, von wo organisierte Rundgänge durchs Township starten.

Nyanga bedeutet „Mond" und ist die zweitälteste Wellblechsiedlung am Kap, etwa 26 km von der City entfernt. **Abalimi Bezekhaya** (Ecke New Eisleben und Lansdowne Road, Tel. 3711653, www.abalimi.org.za) ist eine Regierungsinitiative in Nyanga, die Arbeits- und Mittellose im Anbau von organischem Gemüse unterweist. „Abalimi" ist Xhosa und bedeutet „die Pflanzer". Wer sich für dieses Projekt interessiert, kann an einer der organisierten Touren teilnehmen, die jeden Di. um 21 Uhr stattfinden.

Nördlich von Nyanga liegt **Gugulethu.** Früher unter dem Namen „Nyanga West" bekannt und liebevoll „Gugs" abgekürzt, ist dieses Township unter Kapstädtern bekannt. Die gegarten Schafsköpfe sind eine Township-Spezialität und werden oft am Straßenrand zubereitet, meist mit einer in Glut erhitzten, alten Autoblattfeder, die immer wieder zischend das Fleisch berührt. Während des Garens ziehen sich die Lippen des Tieres zurück und legen ein „Grinsen" frei, daher der passende Spitzname „Smileys". Eine weitere, nicht zwingend probierenswerte lokale Delikatesse sind „Walkie-Talkies" – Hühnerköpfe und -füße.

Eine Sammlung von Granitskulpturen, das **Gugulethu Seven Memorial** (Ecke NY1 und NY 111; NY ist die alte Bezeichnung „Native Yard" – wörtlich übersetzt: „Eingeborenen-Wohnbereich"–, diese Straßen wurden jedoch vor einigen Jahren umbenannt), erinnert an die sieben Jugendlichen, die 1986 während Anti-Apartheid-Protesten in einen Hinterhalt der Polizei gerieten und getötet wurden.

Bekanntestes und größtes Township Kapstadts ist **Khayelitsha** („neue Heimat"), wo etwa 2 Mio. Menschen leben. Abenteuerlustige können sogar in dem Township übernachten, und zwar in einer der Blech- und Sperrholzhütten. Die Township-Tourguides empfehlen die derzeit besten B&B's vor Ort.

Für Touristen empfiehlt sich der Besuch eines Townships im Rahmen einer organisierten Tour.

› **Organisierte Township-Touren:** Camissa Tours, Tel. 5102646, www.gocamissa.co.za; Nomvuyo's Tours, www.nomvuyos-tours.co.za, Tel. 083 3729131. Preise, Zeiten und verschiedene Thementouren sollte man aktuell auf den Websites in Erfahrung bringen.

045kp Abb.: dl

044kp Abb.: dl

Tafelbucht einlief. Heute ist dort einer der beliebtesten und schönsten **Sundowner- und Picknickplätze** der Stadt.

› Vom oberen Ende der Kloof Nek Road den Wegweisern zum Signal Hill folgen. Am Ausgangspunkt zur Lion's-Head-Wanderung ist ein bewachter Parkplatz, ebenso am Signal-Hill-Aussichtspunkt. Beide Parkplätze sind ausgeschildert.

Blumenpracht am Signal Hill mit dem Lion's Head im Hintergrund

29 Heart of Cape Town Museum ★★ [dh]

Am 3. Dezember 1967 wurde in Kapstadt Medizingeschichte geschrieben und ein junger Chirurg wurde zum Superstar. Das Museum erzählt in den Operationssälen von damals anschaulich die Geschichte, wie Christiaan Barnard **das erste menschliche Herz** erfolgreich **verpflanzte.** Das Foto von Louis Washkansky, seines lachenden Patienten, ging nach der Operation um die Welt.

Die beiden Räume, in denen die Entnahme des Spenderherzens und die eigentliche Transplantation stattfanden, sind bis ins Detail **originalgetreu restauriert** worden. Die mintgrünen Kacheln mussten eigens aus Italien importiert werden, da vor Ort keine im exakt gleichen Farbton von damals gefunden werden konnten. Die Wachsfiguren aller Beteiligten im authentisch nachgestellten Diorama des Operationssaals schaffen eine fast unheimlich echte Atmosphäre. Die Herzen sind ebenfalls ausgestellt, genauso wie Hass- und Dankesbriefe aus aller Welt einschließlich des offiziellen Playboy-Club-Mitgliedsschreibens für den attraktiven Arzt Christiaan Barnard.

Was dem Besucher im Gedächtnis haften bleibt, sind die Geschichten aller Beteiligten, die durch **Interviews, Fotografien** und **persönliche Gegenstände** lebendig werden. Ein Besuch lohnt sich trotz des für Kapstädter Museen ungewöhnlich hohen Eintrittsgeldes auf jeden Fall.

› Groote Schuur Hospital, Main Rd., Observatory, Tel. 4041967, www.heartofcapetown.co.za, geöffnet: tägl. Touren um 9, 11, 13, 15 und mit Voranmeldung auch 17 Uhr, Eintritt 350 Rand, Studenten mit Ausweis 200 Rand, für Kinder unter 10 Jahren nicht empfehlenswert

30 Rhodes Memorial ★ [dh]

Das gigantische Denkmal für **Cecil John Rhodes**, den berühmten und zu seinen Lebzeiten erfolgreichsten Minenbesitzer der Welt, befindet sich hoch oben am Hang des Devil's Peak auf seinem ehemaligen Landbesitz **Groote Schuur Estate** (*Groote Schuur* bedeutet „große Scheune"). Da er aber in Teilen der Gesellschaft als **Kolonialist** und **Rassist** gilt, wird sein Andenken heute kontrovers diskutiert.

Rhodes war einer der bekanntesten Befürworter und Akteure des **britischen Imperialismus.** Er träumte davon, den **englischen Einfluss** vom Kap bis nach Kairo auszubauen. Eine Eisenbahnlinie sollte den gesamten Kontinent durchqueren. Er war **Premierminister** der Kapkolonie, als er 1902 im Alter von 49 Jahren starb. Der Staat Simbabwe trug bis zur Unabhängigkeit 1980 als Rhodesien seinen Namen und stand bis 1923 unter Kontrolle der von Rhodes gegründeten Britischen Südafrika Gesellschaft.

49 Stufen führen – vorbei an acht scheinbar angreifenden Löwen – zu einem **Granitschrein,** der 1912 am Lieblingsaussichtspunkt des Politikers errichtet wurde. Der Blick auf die Stadt ist grandios und es ist kein Wunder, dass hier einer von Kapstadts beliebtesten Picknick- und Hochzeitsfotoplätzen ist. Das Restaurant vor Ort serviert leichte Gerichte.

Wochenlange Studentenproteste unter dem Motto „Rhodes must fall" führten im April 2015 zur **Entfernung einer anderen Statue Rhodes'**, die sich auf dem Universitätsgelände befunden hatte.

› **Rhodes Memorial,** Groote Schuur Estate, oberhalb der Universität

Rund um den Table Mountain National Park

Eine Fahrt um die Kaphalbinsel mit dem Besuch von Cape Point und dem Kap der Guten Hoffnung gehört fest zu jedem Aufenthalt in Kapstadt. Für den Trip ist ein Mietwagen erforderlich oder man erlebt die Runde im Rahmen einer organisierten Minibustour, die jedes Gästehaus oder Hotel der Stadt organisiert. Am meisten Spaß macht der Tagestrip allerdings mit einer gemieteten Harley-Davidson oder einem Cabrio.

Die **Atlantikküste** ist nachmittags am beeindruckendesten, vor allem wenn die tief stehende Sonne Südafrikas schönste Küstenstraße, den **Chapman's Peak Drive** 39, anstrahlt. Entlang der **False Bay** lassen sich während der **Walsaison** zwischen Juni und November die Großsäuger von der felsigen Küste aus beobachten. **Pinguine** und **Paviane** kann man das ganze Jahr über zu Gesicht bekommen.

Seit 1994 steht fast die gesamte Kaphalbinsel unter **Naturschutz** und **Nationalparkverwaltung.** Was vorher eine Ansammlung kleiner Schutzgebiete war, gehört nun zusammen. Der Table Mountain National Park beginnt mit seinem Namensgeber, dem Tafelberg, quasi in der Stadt und zieht sich bis zum Kap der guten Hoffnung.

Er bietet eine große Zahl an verschiedenen Freizeitmöglichkeiten. Die **Strände** sind beliebte **Surf- und Tauchreviere.** In einigen durch die Sonne aufgewärmten **Gezeitenpools** – Oudekraal, Bordjiesrif und Buffels Bay – kann außerdem sicher gebadet werden. Zudem gibt es Pferdetouren, Mountainbike-Trails sowie Wander-und Kletterstrecken.

31 Table Mountain ★★★ [ci]

2011 wurde der **Tafelberg** zu einem der **Neuen 7 Weltwunder der Natur** gewählt. Er ist die botanisch reichste Region der Welt mit über 1500 verschiedenen Pflanzenarten. Etwa 300 verschiedene Wanderwege, von anstrengend bis sehr anstrengend, führen nach oben. Bei Cape Town Tourism gibt es eine kostenlose Wanderkarte, auf der einige der Routen eingezeichnet sind.

Die gemütlichere Alternative zur anstrengenden Platteklip-Gorge-Wanderung auf den Tafelberg, dem direktesten Fußweg nach oben, ist die **Table Mountain Aerial Cableway.** 1997 wurde die Seilbahn komplett überholt und seither gondeln Schweizer Präzisionskabinen nach oben, die sich auf dem Weg um die eigene Achse drehen und jeweils 65 Passagiere fassen.

› **Table Mountain National Park,** Tel. 7018692, www.sanparks.org. Die Haltestelle des **City-Sightseeing-Busses** (rote Linie) befindet sich an der Seilbahn-Talstation.

•7 [ch] **Table Mountain Aerial Cableway,** Lower Station, Tafelberg Rd., von der oberen Kloof St. den Schildern folgen, Tel. 7127471, www.tablemountain.net. Gondelbetrieb je nach Saison von 8/8.30 bis 17.30/21.30 Uhr (wetterabhängig, aktuelle Fahrzeiten und News auf der Website), Erw./Kinder 345/175 Rand bei Onlinebuchung (keine Wartezeiten), ansonsten 395/195 Rand.

› Wer mehr Informationen zur Wanderung auf den Tafelberg braucht, kommt nicht um die Faltkarte **Table Mountain & Cape Peninsula Adventures Road Map** von Map Studio (www.mapstudio.co.za) herum.

32 Kirstenbosch Botanical Gardens ★★★ [ci]

Der 1913 etablierte, große botanische Garten befindet sich pittoresk an den Hängen des Tafelbergs und geht nahtlos in den Nationalpark über.

Der 1913 eröffnete Park gilt als einer der schönsten der Welt und ist ideal zum Spazierengehen und – man ahnt es bereits – Picknicken. Highlights im Veranstaltungskalender sind

133kp Abb.: dl

die Sommerkonzerte mit Picknick auf dem Rasen vor der Bühne. Im Garten selbst gedeihen ausschließlich **heimische Pflanzen.**

1660 ließ Kap-Kommandeur **Jan van Riebeeck** eine **Wildmandelhecke** pflanzen, um die Grenze der Kolonie zu markieren, das Vieh drinnen zu halten und die Khoikhoi draußen. Reste der Van-Riebeeck-Hecke sind heute noch zu sehen. Die **Familie Cloete**, die auch Groot Constantia besaß, betrieb hier eine **Farm** und pflanzte Eichen, Obstbäume und Reben. 1895 kaufte **Cecil Rhodes** das Gebiet, versetzte es allmählich zurück in den Naturzustand und vermachte den Grundbesitz dem Volk.

Heute erfährt man im Garten alles über die **lokale, feinbuschige Fynbos-Vegetation** (s. S. 13). Das Kap-Florenreich weist mehr als 7300 verschiedene Pflanzen auf, was 45 % der gesamten Flora des südlichen Afrika ausmacht – und das auf 4 % seiner Fläche!

Es gibt einen Souvenirladen und eine Gärtnerei mit einheimischen Fynbos-Pflanzen, aber auch ein Restaurant, das auch Picknickkörbe zusammenstellt.

Im Sommer gibt es am Abend **Freiluftkonzerte** (Klassik, Jazz und Rock) auf den großen Rasenflächen, wo die Picknickkörbe stilecht „vernichtet" werden können.

› Rhodes Dr., Tel. 7998899, www.sanbi.org, Apr.–Aug. tägl. 8–18 Uhr, Sept.–März tägl. 8–19 Uhr, Eintritt Erw./Kinder 210/30 Rand. Anfahrt von Kapstadt kommend auf dem Philip Kgosana Drive (M3) Richtung Muizenberg, an der ersten Ampelkreuzung rechts in den Rhodes Drive (M63), dann den Schildern nach Kirstenbosch folgen.

› Haltestelle des **City Sightseeing-Busses** (blaue Linie)

33 Constantia Wine Farms ★★ [cj]

Hier im grünen Tal von Constantia begann die Geschichte von Südafrikas Weinindustrie. Heute findet man wunderschöne, kapholländische Weingüter, auf denen edle Tropfen verkostet und verkauft werden.

MEIN TIPP

Gut essen rund um den Tafelberg

8 [cj] **Hartlief Deli (1)** €-€€, Main Road, High Constantia, www.hartlief.co.za/constantia-deli, Tel. 7941706, geöffnet: Mo.–Sa. 8–17, So. 9–15 Uhr. Serviert werden deutsche Gerichte für Gäste mit Entzugserscheinungen, Bier vom Fass und Wein im Glas. Im Sommer an Tischen im Freien unter schattenspendenden Bäumen. Hier geht man zum zum Käsespätzle-, Bratwurst-, Leberkäse- und Bratkartoffeln-Essen her.

9 [dk] **Jakes in the Village** €€, Steenberg Village, Livestyle Centre, Tel. 7013272, www.jakes.co.za, tägl. 10.30–22.30 Uhr. Internationale Küche, lockere Bistroatmosphäre, gutes Essen.

10 [cj] **La Colombe** €€€€, Constantia Nek, Silvermist, Tel. 7950125, www.lacolombe.co.za, tägl. 12.30–14, 18–20.45 Uhr. Eines der besten Restaurants am Kap, ausgezeichnete Bedienung und erstklassiges Essen mit häufig wechselnden Kreationen, die französische und asiatische Einflüsse kombinieren. Unbedingt reservieren.

Die Table Mountain Aerial Cableway bringt einen bequem auf den Tafelberg

1655 pflanzte Kap-Gouverneur Jan van Riebeeck die ersten Reben in den fruchtbaren Boden von **Groot Constantia.** Das Gut wurde 30 Jahre später von Simon van der Stel erworben, nach dessen Tod 1712 aufgeteilt und weiterverkauft. So entstanden neben dem nun kleineren Groot Constantia vier weitere, unabhängige Weingüter: **Klein Constantia, Buitenverwachting** (Afrikaans für „jenseits aller Erwartungen"), **Constantia Uitsig** (Afrikaans für „Aussicht") und **Steenberg.**

Groot Constantia war aufgrund des wunderbaren **Dessertweins,** der hier von der Familie Cloete, den ehemaligen Besitzern, kultiviert wurde, einst allen viktorianischen Aristokraten ein Begriff. Angeblich soll sogar Napoleon auf seinem Sterbebett nach dem süßen Constantia-Wein verlangt haben. Heute steht das Anwesen unter **Denkmalschutz,** Touristen probieren Weine, picknicken auf der Wiese und besichtigen die historischen Gebäude auf dem Gelände. Besonders interessant sind das **Museum,** das im alten Herrenhaus von Simon van der Stel untergebracht ist, und der orignalgetreu erhaltene **Weinkeller** der Familie Cloete mit alten Winzergeräten. Ein besonderer Tipp ist die nächtliche Kellerführung mit Angestellten in historischer Kleidung.

› **Buitenverwachting,** Klein Constantia Rd., Tel. 7945190, www.buitenverwachting.com, geöffnet: Mo.–Fr. 9–17, Sa. 10–15 Uhr

› **Constantia Glen,** Constantia Main Rd., Tel. 7956100, www.constantiaglen.com, geöffnet: tägl. 10–16 Uhr. Eines der „neueren" Constantia-Weingüter. Hier kann man sich zur Weinprobe herrliche Käse- und Schinkenplatten bestellen.

› **Groot Constantia,** Groot Constantia Rd., Tel. 7945128, www.grootconstantia.co.za, geöffnet: tägl. 9–18 Uhr

› **Klein Constantia,** Klein Constantia Rd., Tel. 7945188, www.kleinconstantia.com, geöffnet: Mo.–Fr. 10–17 Uhr, Sa. 10–16.30 Uhr

› **Steenberg Vineyards,** Steenberg Rd., Tokai, Tel. 7132326, www.steenbergfarm.com

34 Rondevlei Nature Reserve ★★ [ek]

Aufgrund seiner Lage in der Nähe des berüchtigten „Gangster"-Stadtteils Grassy Parks, haben die meisten Kapstädter keine Ahnung, dass es dieses geschützte Vogelparadies überhaupt gibt. 231 verschiedene „Federträger" wurden hier bereits registriert und es ist damit eines der wichtigsten **Vogel-Feuchtgebiete am Kap** mit gut versteckten Beobachtungshäuschen und einigen Beobachtungstürmen mit Teleskopen.

In dem Areal leben auch die letzten **Flusspferde** der Kapprovinz – sie halten sich aber meistens bedeckt – und es gibt **kleinere Säugetiere** wie Stachelschweine, Kap-Greisböckchen, Kapotter und Mungos. Für Kinder sind das **Reptilienhaus** und das **Frischwasseraquarium** interessant. Imvubu Tours bietet zudem Sundowner-Hippo- und Vogelbeobachtungs-Bootstouren (Aug.–Feb.) an und es gibt geführte Naturwanderungen.

› Fisherman's Walk Rd., Zeekoevlei, am Ende der Perth Rd., Tel. 7062404, www.zeekoevlei.co.za, geöffnet: tägl. 7.30–17 Uhr, Eintritt Erw./Kinder 20/10 Rand

35 Boyes Drive ★★ [dm]

Boyes Drive ist eine der reizvolleren Straßen entlang der Kaphalbinsel. Sie schmiegt sich hoch oben an den Berghang und führt von Muizenberg nach Kalk Bay. Die Aussicht auf die

False Bay ist super und während der **Walsaison** zwischen Juni und November lassen sich die Meeressäuger von oben besonders gut beobachten.

› Zum Boyes Drive fährt man auf der M5 in Richtung Muizenberg und biegt dann kurz vor dem Erreichen des Ortes in Lakeside rechts ab.

36 Kalk Bay ★★ [dm]

Der Hafenort an der False Bay-Küste bietet neben einem reizvollen Spaziergang am Pier auch eine große Anzahl interessanter Shops – vor allem Trödelläden – zum Bummeln und gute Restaurants. Die Atmosphäre ist relaxt, hier leben neben Alt-Hippies und jungen, aber auch angejahrten Surfern auch Ruhe suchende Kapstädter. Fisch kommt täglich frisch herein und Besucher können den Fischern beim Ausnehmen zusehen. Die Fischreste gehen an die Robben, die sich, immer wenn die Fischerboote einlaufen, im Hafenbecken einfinden.

Kalk Bay kulinarisch

11 [dm] **Cape to Cuba** €€€, 165 Main Rd., Tel. 7881566, Facebook: Cape To Cuba, geöffnet: tägl. 12–23 Uhr. Kubanisches Restaurant, ungewöhnliches Interieur mit Gemälden, Möbeln und Kronleuchtern von der Castro-Insel, die alle auch gekauft werden können. Es gibt außerdem eine Bar mit sandigem Außenbereich, um eine Strandatmosphäre zu schaffen – und natürlich Zigarren.

12 [dm] **Harbour House Restaurant** €€€, im Hafen von Kalk Bay, Einfahrt von der Main Rd. Richtung Simon's Town nach links (ausgeschildert), Tel. 7884133, www.harbourhouse.co.za, Mo.–Sa. 12–16 Uhr u. 18–22 Uhr, So. 12–16, 18.30–22 Uhr. Fangfrischer Fisch, direkt am Meer serviert. Wer im Restaurant am Fenster sitzt, gegen das die Gischt der Wellen sprüht, glaubt, sich auf einem Schiff zu befinden.

13 [dm] **Live Bait** €€, im Hafen von Kalk Bay, Einfahrt von der Main Rd. Richtung Simon's Town nach links (ausgeschildert), Tel. 7885755, www.livebait.co.za, geöffnet: tägl. 12–23 Uhr. Ein Fischrestaurant wie aus dem Bilderbuch. Bei stärkerem Seegang branden die Wellen gegen die hohen Glasscheiben, die

KURZ & KNAPP

Wale in der False Bay

Zwischen Juni und November kommen die imposanten Tiere, meist Südliche Glattwale *(Southern Right Whales)*, zum Kalben ans Kap und lassen sich dann in der Kalk Bay, aber auch vom Clarence Drive 46 und von Hermanus in der Walker Bay von den Küstenstraßen aus beobachten.

MEIN TIPP

St. James Pool

St. James Pool ist ein großer Gezeitenpool, in dem man geschützt baden kann. Die Flut bringt das kalte Wasser ins Becken, wo es sich in der Sonne „erwärmt". Eltern können am schönen, kleinen Sandstrand entspannen, während die Kids sicher im Wasser herumtollen. Was den Platz aber so charmant macht, ist die Reihe bunter viktorianischer Umkleidekabinen, die den Strand säumen. Ein tolles und beliebtes Fotomotiv.

•14 [dm] **St. James Pool.** Der Ort St. James liegt an der False Bay, zwischen Muizenberg und Kalk Bay. In der Nähe des Bahnhofs parken und dann durch den Fußgängertunnel unter der Eisenbahnlinie durchgehen.

ansonsten tollen Meeresblick bieten. Deutlich relaxtere Atmosphäre als im formelleren Harbour House Restaurant im Stockwerk darüber. Locker-freundliche Bedienungen. Sowohl Familien als auch frisch verliebte Pärchen fühlen sich hier wohl. In der **Walsaison** zwischen Juni und November lassen sich die großen Säuger von den Tischen aus beobachten. Robben tollen ganzjährig im Hafenbecken herum und werden von den Fischern mit den Abfällen ihres Fangs gefüttert.

15 [dm] **Olympia Café & Deli** €€, 134 Main Rd., Tel. 7886396, www.olympiacafe.co.za, geöffnet: tägl. 7–19 Uhr. Relaxtes „Alternativ-Restaurant" mit backfrischen leckeren Croissants, Ciabattabrot, Baguettes und anderen wohlschmeckenden Backwaren, importierte Pasta, freundliche und flotte Bedienung.

Shopping in Kalk Bay

16 [dm] **Kalk Bay Trading Store,** 71 Main Rd., Tel. 7889571, geöffnet: tägl. 9–17 Uhr. Ein Klassiker in Kalk Bay. Die Regale sind voll mit Modellautos, Gläsern, Lampen, Comics, Flaggen, Orden, Kühlergrills – kurzum allem, was unnütz und sammelbar ist.

17 [dm] **Railway House Decor & Collectibles,** 23 Main Rd., Kalk Bay, Tel. 7884761, geöffnet: Mo.–Sa. 9–17, So. 10–17 Uhr. Fast ein Wallfahrtsort für Trödelfans. In diesem Laden gibt es immer wieder neue interessante Möbelstücke und Einrichtungsgegenstände zu entdecken – von der Kupferbadewanne über die Ladentheke und den Art-déco-Sessel bis zur viktorianischen Straßenlaterne oder dem angejahrten Flipperautomaten.

Mein Tipp

Frackträger in freier Wildbahn

Dies ist einer von nur ganz wenigen Plätzen auf der Welt, wo sich **Pinguine** in ihrem natürlichen Umfeld leicht vom Land aus beobachten lassen können. Auf hölzernen Stegen gelangen Besucher durch die Kolonie, ohne die Vögel dabei zu stören. Unglaublich und unerwartet sind die Geräusche, die die putzigen Frackträger von sich geben. Sie klingen exakt wie wiehernde Esel.

★18 [do] **Boulders & Bettys Bay African Penguin Colonies,** Kleintuin Rd., Simon's Town, Parkplatz in Seaforth Rd., Tel. 7122337, www.sanparks.org, geöffnet: Dez., Jan. tägl. 7–19.30, Feb., März tägl. 8–18.30, Apr.–Sept. tägl. 8–17, Okt., Nov. tägl. 8–18.30 Uhr, Eintritt: Erw./Kinder 176/88 Rand. Achtung: Es wird kein Bargeld akzeptiert.

054kp Abb.: dl

„Frackträger" bei den Boulders & Bettys Bay African Penguin Colonies

37 Cape Point und Cape of Good Hope ★★ [es]

Am Cape Point ist die Kaphalbinsel zu Ende und der **südlichste Punkt des Table Mountain National Park** erreicht. Von hier aus gibt es diverse Wanderungen und die beiden südwestlichsten Leuchttürme des Landes. Lohnenswert ist die Wanderung (hin und zurück 1 Std.) zwischen den beiden Leuchttürmen. Das Original, heute **Old Lighthouse** genannt, wurde 1860 errichtet und stellte sich sofort als Fehlkonstruktion heraus. Mit 238 m über dem Meeresspiegel war er viel zu hoch. Sein Licht, das einer Stärke von 2000 Kerzen entsprach, war häufig von Nebel und niedrigen Wolken verdeckt, was zu weiteren Schiffskatastrophen führte. 1913 begannen die Bauarbeiten zum zweiten Cape Point Lighthouse, diesmal deutlich näher an der Cape-Point-Felsspitze und nur 87 m über dem Wasser. Das **New Lighthouse** leuchtete das erste Mal am 11. März 1919. Seit 1936 ist der Turm elektrifiziert und leistet 10 Millionen Kerzenstärken.

Im **Nationalpark** lassen sich Antilopen vom großen Eland bis zum winzigen Duiker, Strauße, Paviane, Schildkröten und Zebras entdecken. **Südafrikas meistfotografiertes Schild** findet sich praktisch gleich um die Ecke von Cape Point, es steht am Kap der Guten Hoffnung (Cape of Good Hope), dem südwestlichsten Punkt des Landes. Cape Point und das Kap der guten Hoffnung befinden sich im „Cape of Good Hope"-Areal des **Table Mountain National Park.**

› Tel. 7809526, www.sanparks.org, geöffnet: Okt.–März tägl. 6–18, Apr.–Sept. tägl. 7–17 Uhr, Eintritt Erw./Kinder 376/188 Rand. Achtung: Es wird kein Bargeld akzeptiert.

38 Slangkop Lighthouse ★★ [an]

Der **höchste gusseiserne Leuchtturm Südafrikas** erstrahlte erstmals 1919 und ist heute noch in Betrieb. Leider ist er derzeit (Mitte 2023) **nur von außen zu besichtigen.** Den besten Blick auf den Leuchtturm hat man von der engen, holprigen Küstenstraße M65, von einer der Parkbuchten aus sieht man den Atlantik im Hintergrund.

› Lighthouse Rd., Kommetjie

39 Chapman's Peak Drive ★★★ [bl]

„Chappies", wie der Chapman's Peak Drive liebevoll von Einheimischen genannt wird, ist eine der schönsten Küstenstraßen der Welt und die spektakuläre Verbindung zwischen Noordhoek und Hout Bay.

Vor 1910 galt es als absolut unmöglich, eine Straße zwischen Hout Bay 40 und Noordhoek zu bauen, da

MEIN TIPP

Reiten am Beach

Der 8 km lange Noordhoek Beach unterhalb des Chapman's Peak Drive ist das Reiterparadies am Kap. Man kann geführte Ausritte in kleinen Gruppen unternehmen. Es gibt Pferde für Anfänger und Fortgeschrittene. Das Mindestalter ist 12 Jahre und das Maximalgewicht 100 kg. Direkt von den Stallungen geht es ins Feuchtgebiet und auf den weißen Sandstrand. Höhepunkt des Ausritts sind die Aussicht auf *Chappies* und auf das Wrack der Kakapo. Die Beach Rides kosten 750 Rand pro Person.

•19 [bm] **Imhoff Farm,** Kommetjie, Tel. 082 7741191, www.horseriding.co.za, Beach Rides

ein etwa eine Meile langes Stück der Strecke für Fahrzeuge als **unpassierbar** galt und selbst zu Fuß erschien es unmöglich, die Strecke zu meistern. Dann wurde Sir Frederick de Waal Gouverneur am Kap. Er liebte **neue Straßenbauprojekte** und wollte unbedingt die „unmögliche" Küstenstrecke realisieren. Der geologisch versierte Landvermesser Charl Marais, den selbst senkrechte Klippen nicht von seiner Arbeit abhalten konnten, und seine Entdeckung, dass der gesamte Chapman's Peak aus **horizontalen Sandsteinlagen** besteht, die auf einem leicht geneigten Granitmassiv aufliegen, machten das Projekt schließlich möglich. Dort, wo harter Granit auf etwas weicheres Sedimentgestein trifft, ließ er die Straße in den Fels sprengen.

Den Chapman's Peak Drive, eine der schönsten Küstenstraßen der Welt, erkundet man am besten in einem gemieteten Cabrio oder auf einem Motorrad

Die **Zwangsarbeiter**, die das Projekt „Chapman's Peak Drive" realisieren mussten, waren Häftlinge aus Kapgefängnissen und ungelernt, ihre Werkzeuge waren nicht besonders gut geeignet, Erdrutsche und Steinschläge an der Tagesordnung. Mit Dynamit, Pickeln und Schaufeln sprengten und hackten sie sich ihren Weg. Die ersten vier Kilometer von Hout Bay bis zum Aussichtspunkt wurden 1919 eröffnet. Es sollte aber noch weitere drei Jahre dauern, ehe man mit den sich dahinter befindenden Klippen fertig wurde. 1922 war es dann soweit: Der Chapman's Peak Drive wurde feierlich mit einem Konvoi von 160 Autos **eröffnet**. Es gab auch sofort die ersten Bustouren (die bis heute andere Verkehrsteilnehmer auf der engen Straße nerven) von Kapstadt nach Noordhoek, mit Mittagessen in Hout Bay.

In der Folgezeit überschätzten sich viele Fahrer bzw. sie unterschätzten die **Enge mancher Kurven** und die Höhe der Klippen. 1989 barg ein Hubschrauber während einer großangelegten „Reinigungsaktion" **22 Autowracks** von der felsigen Küstenlinie tief unterhalb der Straße. Im selben Jahr hatte ein Geschäftsmann aus East London einen sehr aufmerksamen **Schutzengel.** Der Mann kam mit seinem Mercedes ins Schleudern, flog aus der Kurve und schlug erst 100 m tiefer an der Felsküste auf. Unglaublicherweise stieg der Fahrer ohne Verletzungen aus dem Wrack. Mercedes-Benz war so glücklich mit der Qualität seiner Limousinen, dass das gleiche Automodell an derselben Stelle noch einmal über die Klippen gefahren wurde, diesmal mit Kameras im Auto und draußen. Der Werbefilm lief jedoch nur so lange, bis die bayrische Konkurrenz konterte: In einer BMW-Kampagne rauschte ein Wagen mit dem weißblauen Emblem schnell den regennassen Chapman's Peak entlang – ohne aus der Kurve zu fliegen. Der geniale Slogan hiess: „BMW beats the bends" („BMW schlägt die Kurven"). „Bends" klingt im Englischen natürlich wie „Benz".

Die Aussicht vom mit 596 m höchsten Punkt des Chapman's Peak Drive auf Hout Bay, Sentinel und den Atlantik ist super. Danach wird die Straße breiter und schwingt sich in eleganten Kurven Richtung Hout Bay. Zwischen Juni und November lohnt ein Stopp in einer der Parkbuchten. In dieser Zeit kommen immer wieder **Glatt- und Buckelwale** in die Bucht und lassen sich von den erhöhten Standpunkten bestens beobachten. Die Geschichte des Chapman's Peak Drive wird im **Hout Bay Museum** in umfangreichen Fotosammlungen lebendig. Es gibt außerdem ein interessantes Originalvideo zum Bau der Straße.

Nach heftigen Buschbränden, Regenfällen und nachfolgenden Steinschlägen war der Chapman's Peak Drive jahrelang gesperrt. 2004 wurde er dann nach **erheblichen baulichen Veränderungen**, einschließlich eines Halbtunnels, diverser Betoneinspritzungen sowie des Spannens gigantischer Fangnetze, als **Mautstraße** wiedereröffnet. Bereits 2007 wurde die Straße nach starken Regenfällen allerdings erneut für mehrere Monate geschlossen. Seither ist sie meist durchgehend geöffnet. Wenn die Straße offen ist, sollte man sie unbedingt „unter die Räder nehmen", und zwar am besten von Noordhoek kommend Richtung Hout Bay und spätnachmittags, wenn die untergehende Sonne die **roten Felsen** wunderbar beleuchtet.

› Mautstraße zwischen Noordhoek und Hout Bay, www.chapmanspeakdrive.co.za, Tel. 7909163, Maut: 61 Rand pro Auto und Strecke

20 [bk] **Hout Bay Museum,** 4 Andrews Rd., Tel. 7903270, Mo.–Fr. 9–16 Uhr, Eintritt frei

MEIN TIPP

Kulinarische Perle in Noordhoek

21 [bl] **The Foodbarn Restaurant** €€, Noordhoek, Noordhoek Farm Village, Village Lane, Noordhoek, Tel. 7891390, www.thefoodbarn.co.za, geöffnet: Frühstück 8–11.30, Café Lunch 11.30–16.30, Bistronomy Lunch 12–14.30, Tapas Dinner Di.–Sa. 18–21.30 Uhr. Promi-Chefkoch und Berufsfranzose Franck Dangereux ist berühmt für seine progressive Fusionsküche, seine Tapas sind einzigartig. Donnerstags kommen Weingutbesitzer und offerieren kundig ihre Tropfen zum Menü von Franck (sechs Gänge mit passenden Weinen 895 Rand). Nicht selten dauern diese Events vier bis fünf Stunden.

40 Hout Bay ★★★ [bk]

Der Ort an der Kaphalbinsel bietet nicht nur einen **wunderbaren Sandstrand, spektakuläre Berge** und eine **romantische Bucht**, sondern auch einige Restaurants. Wie wäre es zum Beispiel mit einem frisch gezapften, nach deutschem Reinheitsgebot gebrauten Windhoek Lager bei **Dunes** (s. S. 47) am Strand? Und bei Massimo's (s. S. 47) gibt es leckere Pizza aus dem Holzofen.

Vom Hafen in Hout Bay kann man empfehlenswerte Trips „um die Ecke" nach **Duiker Island**, einer kleinen vorgelagerten Insel, unternehmen. Auf dem felsigen Eiland sonnen sich Tausende von **Pelzrobben** – eine laute und geruchsintensive Erfahrung. Danach geht es um das charakteristische Felsmassiv des Sentinel herum zum **Wrack der Boss 400**, einem Schwimmkran, der zum Verlegen von riesigen Rohren gebaut worden war und von einem Schleppboot vom Kongo nach Kapstadt gezogen werden sollte. Am 26. Juni 1994 riss während eines heftigen Sturms kurz vor dem Kapstädter Hafen das Schleppseil und der größte schwimmende Kran Afrikas trieb motor- und hilflos Richtung Süden. Am Duiker Point in der Nähe von Sandy Bay lief die Boss 400 schließlich auf die Felsen auf. Mehrere Bergungsversuche schlugen aufgrund des heftigen Seegangs fehl – das Schiff war ein Totalverlust. Die 14 Mann Besatzung wurden mit Hubschraubern gerettet. Zum Zeitpunkt der Havarie war der Schwimmkran 70 Mio. US-Dollar wert. Mittlerweile hat sich das Meer ordentlich an dem Wrack zu schaffen gemacht. Es ist in der Mitte durchgebrochen und wird irgendwann einmal komplett im Meer verschwunden sein.

Die Bucht – **Maori Bay** – in der die Boss 400 heute liegt, ist nach einem weiteren Schiff benannt, das hier am 5. August 1909 gesunken ist. Die Maori, ein britisches Dampf-Frachtschiff, hatte die Tafelbucht an einem stürmischen Augusttag mit Ziel Neuseeland verlassen, bevor sie vor dem Karbonkelberg in dichtem Nebel auf Grund lief und sank. 32 der 53 Besatzungsmitglieder verloren ihr Leben. Das Wrack ist heute ein beliebter Platz für Taucher. Es liegt in 20 Meter Tiefe und über die Jahre wurden viel intaktes Geschirr und Flaschen geborgen. Heute steht das Wrack unter Denkmalschutz und es darf nichts mehr weggenommen werden. Die Schiffsglocke ist im Hout Bay Museum (s. S. 45) ausgestellt. Es gibt mehrere Charterboot-Anbieter im Hafen, die Touren zur Robbeninsel und der Boss 400 anbieten.

› **Boat Trips to Seal Island,** Hout Bay Harbour, Tel. 7901040, 7907278, 7914441, www.circelaunches.co.za, www.nauticatcharters.co.za, www.drumbeatcharters.co.za, Preise Erw./Kinder ab 100/50Rand

Das **Township** in Hout Bay ist recht übersichtlich und lässt sich besser in eine Kaphalbinseltour einbauen als die traditionellen Township-Touren (s. S. 35), die einen separaten Trip notwendig machen. Mit lokalem Guide geht es zwei Stunden durch **Imizamo Yethu**. Man trifft die Menschen, die hier wohnen, geht in eine typische Township-Kneipe, das *shebeen*, und in einen „Tante-Emma-Laden" (*spaza shop*), probiert **lokale Spezialitäten**, die dann mit hausgebrautem, mehligem **Sorghum-Bier**, das für europäische Gaumen sehr gewöhnungsbedürftig ist, hinuntergespült werden. Es werden außerdem

ein kleines Township-Museum und ein traditioneller Heiler besucht.

› **Imizamo Yethu Township Tours,** 7263 Mandela Road, Imizamo Yethu, Tel. 083 7194870, www.citysightseeing.co.za/imizamo-yethu-township, Touren: tägl. 10.30, 13 u. 16 Uhr, Erw./Kinder 90/40 Rand.

› Haltestelle des **City-Sightseeing-Busses** (blaue Linie)

Hout Bay kulinarisch

22 [bk] **Delish** €€, 8 Beach Crescent, Tel. 7905324, www.facebook.com/delishbistroHB, geöffnet: tägl. 8–16.30 Uhr, Fr., Sa. 18–21 Uhr Dinner. Mediterrane Küche von sehr guter Qualität. Große und leckere Frühstücksauswahl.

23 [bk] **Dunes** €€, Hout Bay Beach, Tel. 7901876, www.dunesrestaurant.co.za, geöffnet: tägl. 10–22 Uhr. Idealer Sundowner-Platz direkt am Strand von Hout Bay, großer Spielplatz für Kinder, das Essen ist gut, das Windhoek-Bier vom Fass noch besser.

24 [bk] **Fish on the Rocks** €, am Ende der Harbour Road, Tel. 7900001, www.fishontherocks.co.za, geöffnet: tägl. bis 19.30 Uhr. In Hout Bays Hafen kommt das englische Nationalgericht Fish and Chips perfekt zubereitet und in durchfettendes Packpapier gewickelt auf die Theke.

25 [bj] **Massimo's** €€, Oakhurst Farm Park (neben Spar), Main Rd., Tel. 7905648, www.massimos.co.za, geöffnet: Mi.–Fr. 17 Uhr bis spät, Sa., So. 12 Uhr bis spät. Massimo Orione und seine britische Gattin Tracy sind fast immer selbst da – er steht oft am traditionellen Pizzaofen. Damit sorgen sie dafür, dass die legendären „Rundgerichte" stets gelingen. Gemütlich und sehr freundlicher Service.

26 [bj] **Quentin at Oakhurst** €€€, Oakhurst Farm, Main Rd., Tel. 7904888, www.oakhurstbarn.com, geöffnet: Di.–Sa. 18–23 Uhr (Küche bis 21.30 Uhr), Sa. und So. Frühstück 9–12 Uhr, So. Lunch

Die Bucht und der Strand von Hout Bay

MEIN TIPP

Nachhaltiger Luxus

Im April 2023 erfüllten sich Martina und Klaus aus Deutschland mit dem Vyn Guest House ihren größten Traum: ein **luxuriöses, aber nachhaltiges Wohlfühl-Gästehaus** zu eröffnen, das dank moderner Solaranlage unabhängig vom wenig zuverlässigen staatlichen Stromanbieter Eskom ist und über riesige Regenwassertanks unter dem Anwesen verfügt. Der Standort auf den Dünen von Kronenzicht, mit Blick auf Sandy Bay und die Bucht von Hout Bay ist grandios. Vyn ist das Afrikaans-Wort für Wein und – nomen est omen – da haben die Gastgeber einiges zu bieten. Auch das Frühstück ist legendär.

31 [aj] **Vyn Guest House** €€€, 26 Brunia Way, Kronenzicht, Tel. 071 4919872, www.vyn-guesthouse.co.za, fünf komfortable Suiten

13–16 Uhr. Herrlich restaurierte und dekorierte ehemalige Scheune. Kristall-Leuchter hängen von den hohen Decken, an den Wänden sind alte Wagenräder, Farmgeräte und ein paar alte Werbeschilder aus Emaille. Traditionelle südafrikanische Gerichte, vom Besitzer und Koch Quentin selbst zubereitet.

27 [bk] **Woodcutters Arms,** 37 Main Rd., Tel. 7906060, www.thewoodcuttersarms.co.za, Mo.–Do. 11.30–22, Fr., Sa. 11.30–1, So. 11.30–23 Uhr. Klassischer britischer Pub mit diversen Bieren vom Fass und sehr gutem Essen, untergebracht in einem stilvoll restaurierten alten Haus. Bewachtes Parken direkt vor dem Pub.

Shopping in Hout Bay

› **Bay Harbour Market,** Hout Bay Harbour. Einer der Wochenendmärkte Kapstadts (s. S. 81).

28 [bk] **Hout Bay Craft Market,** Lion's Club of Hout Bay, Village Green, Main Rd., Tel. 082 8509752, geöffnet: So. 9–16 Uhr (nur bei schönem Wetter), nicht alle Stände akzeptieren Kreditkarten. Mischung von einheimischen Pflanzen, afrikanischem Kunsthandwerk und selbst gemachten Souvenirs, die man sonst nirgendwo findet.

29 [bk] **The Shipwreck Shop,** Mariner's Wharf, Hout Bay Harbour, Tel. 7901100, www.marinerswharf.co.za, geöffnet: Mo.–Fr. 9–17.30, Sa., So. 9–18 Uhr. Interessanter Shop zum Stöbern nach maritimen Erinnerungsstücken, alten Schiffskarten, nautischen Antiquitäten, Militaria und Schiffswrack-Relikten.

41 Llandudno Beach ★★★ [aj]

Der Strand von **Llandudno** ist wunderschön, zwischen mächtigen Granitbrocken gelegen, sicher und kinderfreundlich. Das Wasser ist wie überall am Atlantik eiskalt, aber an einem heißen Sommertag kann man zum Abkühlen schon mal kurz reinspringen. Llandudno Beach eignet sich auch gut für ausgedehnte **Spaziergänge** zu den **großen Granitfelsen** und ist ein idealer Platz für einen **Sundowner** und ein **Picknick.** Achtung: Getränke und Essen mitbringen, in Llandudno selbst gibt es keine Läden.

Kapstadts einziger und inoffizieller **FKK-Strand** liegt in der Nähe des noblen Atlantikortes Llandudno. Von dort führt ein etwas mit Büschen überwucherter und einsamer Pfad Richtung **Sandy Bay.** Der Spaziergang dauert etwa 20 Minuten, der pittoreske Strand findet sich zwischen den Felsen. Dieser Strand sollte aufgrund seiner Abgelegenheit nicht alleine, sondern nur in einer Gruppe besucht werden.

30 [aj] **Sandy Bay.** Von Llandudno aus den Schildern folgen.

Weitere Ausflüge ins Umland

Auch das Umland jenseits des Nationalparks hat es in sich: Stellenbosch, Paarl und Franschhoek sind ebenso für ihre exzellenten Weine, die auf stilvollen Weingütern probiert werden können, bekannt wie für gute Restaurants, die sich dort finden. Kleinere Städtchen in den Cape Winelands wie Somerset-West und Wellington werden da gerne übersehen – zu Unrecht.

42 Blouberg Beach ★★★

Blouberg Beach ist der beste Platz, um **das berühmte Foto vom Tafelberg** und der Skyline der Stadt im Abendlicht zu schießen, mit der Tafelbucht im Vordergrund. Hier branden die Wellen pittoresk auf schwarz glänzende Felsen und da es oft sehr windig ist, lassen viele ihre bunten **Drachen** in den Himmel steigen. Zwischen Blouberg Beach und dem Table View, einem Stadtteil von Kapstadt, gibt es einige **Restaurants,** man muss also nicht warten, wenn man von der Seeluft Hunger bekommen hat.

Die besten Fotos vom Tafelberg schießt man am Blouberg Beach

43 Wijnland Auto Museum ★★

Dieses eher ungewöhnliche **Automuseum mit Oldtimerfriedhof** gehört Les Boshoff. Die 350 Exponate weisen deutliche Gebrauchsspuren auf, nur wenige von ihnen werden regelmäßig gefahren. Es liegen Reifen, Werkzeuge und Motorenteile herum – ein Mekka für Alteisen-Enthusiasten. Der mittlerweile 90 Jahre alte Les ist topfit und hat noch nie auch nur eine Schraube verkauft. Auf dem „Friedhof" ruhen in langen, rostbraunen Reihen schlafende Schönheiten nebeneinander – „Rust in Peace."

Ein Highlight auf dem Gelände ist eine ausgemusterte Convair-580-Verkehrsmaschine aus Nigeria, in der Besucher als Flugkapitän posieren können.

› Joostenbergvlakte, von der N1 Abfahrt Kraaifontein Richtung Stellenbosch/ Paarl, dann links und die erste Straße (nicht asphaltiert) vorbei an einer Gärtnerei bis zum Ende fahren, Tel. 083 7377107, www.wijnlandautomuseum.co.za, geöffnet: Mo.–Fr. 7.30–17.30, Sa., So. 9–16 Uhr, Eintritt 100/50 Rand p. P., Foto- oder Filmerlaubnis 1500 Rand pro Tag

140kp Abb.: dl

44 Franschhoek Motor Museum ★★

Sehr gut gemachtes **Oldtimermuseum**, in dessen vier Hallen etwa 80 wunderbar restaurierte Klassiker stehen. Die gesamte Sammlung umfasst 220 Autos. Die Ausstellung wechselt häufig.

Sowohl das Weingut **L'Ormarins** in Franschhoek als auch das Museum gehört der südafrikanischen Familie Rupert, die sich in der Forbes-Liste der Milliardäre unter den reichsten 300 befindet. Selbstverständlich hat Rupert auch seine eigene private Rennstrecke auf dem riesigen Areal, mit griffigem Asphalt und Kurvenkombinationen, die an berühmte Rundkurse der Welt erinnern.

Viele unersetzliche Autoklassiker haben Südafrika über die Jahre verlassen und etwa 80 % der Exponate wäre es genauso ergangen, hätte sie Johann Rupert nicht gekauft und damit im Land gehalten.

› L'Ormarins Weingut, an der R45, zwischen Stellenbosch und Franschhoek, Mo.–Fr. 10–16, Sa., So. 10–15 Uhr, der Besuch ist nach Online-Voranmeldung möglich oder telefonisch am Eingangstor (Name und Handynummer durchgeben und die Schranke wird aufgemacht), Eintritt 80/40 Rand, www.fmm.co.za. Die Website gibt einen guten Eindruck davon, was den Besucher erwartet.

45 Lourensford Wine Estate ★

Außer exzellenten Weinen und den damit verbundenen Proben bietet dieses Weingut noch viel mehr. Neben einem der schönsten Wochenendmärkte am Kap, einem Biergarten, einer Mini-Brauerei, diversen Restaurants und einigen erstklassigen Kunstgalerien gibt es gleich **zwei**

MEIN TIPP

Cab of Good Hope

Ein ganz besonderer Ausflug: Im original **New Yorker Checker Taxi** den Clarence Drive die False-Bay-Küste entlang, zum **höchstgelegenen Weingut Südafrikas:** Uva Mira. Dort gibt es neben einer grandiosen Aussicht auf Berge und Meer auch ausgezeichnete Weine – und eine tolle Käse- und Schinkenplatte. Fahrer und Besitzer des ikonischen Gelbtransporters ist Dieter Losskarn, **der Autor dieses Buchs.** Ein Pärchen (bzw. max. drei Personen) findet sehr bequem in dem komplett restaurierten Klassiker Platz.

› **Wein & Berge:** Die Tour entlang dem Clarence Drive ins Weinland, mit Weinprobe inkl. Käse- und Schinkenplatte bei Uva Mira dauert etwa 4 bis 5 Stunden und kostet 450 € für 2 Personen. Eine dritte Person hat für weitere 70 € Platz. Infos und Buchung unter www.losskarn.com.

128kp Abb.: dl

Oldtimer-Museen: das eher rustikale ABRU Motor Studio und direkt dahinter das 2023 in einem faszinierenden Neubau aus Beton, Stahl und Glas eröffnete Museo della Passione, eine Weltklasse-Ausstellung mit Schwerpunkt auf italienischen „Chromjuwe-

141kp Abb.: ©Mark G Williams Photography, stock.adobe.com

len". Direkt daneben, auf einer großen Wiese mit eindrucksvoller Bergkulisse im Hintergrund, findet jährlich im April ein Oldtimertreffen statt.

› Lourensford Av., Somerset-West, Tel. 8472224, www.lourensford.co.za

32 **ABRU Motor Studio,** Lourensford Wine Estate, www.abrumotorstudio.co.za, Di.–Do. 10–17, Fr. 10–21, Sa., So. 10–15 Uhr, Eintritt frei

33 **Museo della Passione,** Öffnungszeiten und Kontakt zum Zeitpunkt der Drucklegung noch nicht bekannt

46 Clarence Drive ★

Der Clarence Drive ist die im Vergleich zum Chapman's Peak Drive weniger bekannte Küstenstraße. Aber Clarence „schlägt" Chappies um Längen. Entlang der False-Bay-Küste, zwischen Gordon's Bay und Pringle Bay, erstrecken sich die 22 km zwischen atemberaubender Berglandschaft links und dem an die Küste tosenden Meer rechts. Die Strecke kostet keine Mautgebühr und es bieten sich viele Möglichkeiten, in den stilvoll mit natürlichen Felsen angelegten Parkbuchten anzuhalten und mit Glück in der Saison **Wale** in der Bucht zu beobachten. Die Autoindustrie liebt Clarence Drive und nutzt ihn, um ihre Vehikel stilecht in Szene zu setzen. Und für Biker und Besitzer flotter Autos sind die etwa 80 Kurven auf perfektem Asphalt ein Träumchen – speziell am Wochenende.

Clarence Drive: Nach Meinung des Autors die schönste Straße im Land

Kulinarisch

34 **Grille Shack & Pitstop Lodge** €-€€, Clarence Drive (R 44), 5 km (also nur ein paar schöne Kurven) nach dem Ortsausgang von Gordon's Bay Richtung Rooi-Els auf der rechten Seite, Tel. 087 1507972, www.pitstoplodge.co.za. Die Deko ist eine Mischung aus amerikanischem 1950er-Jahre-Diner, Tankstelle und Roadhouse, einschließlich 1920er-Jahre-Zapfsäulen, „Eiserne Jungfrauen" genannt, am Eingang. Wenn das Bier vom Fass, das zum Grillgut serviert wird, zu gut geschmeckt hat, kann man in einem der cool dekorierten und bunten Zimmer der Pit Stop Lodge übernachten.

35 **Hook, Line & Sinker** €€, Pringle Bay, 382 Crescent Street, Tel. 083 6327534, https://hooklineandsinkerpringlebay.business.site. Leckeres Seafood in

131kp Abb.: dl

einem Privathaus, wo der Fisch z. T. über offenem Feuer zubereitet wird. Mittags gibt es Fish & Chips, abends Meeresfrüchte. Eindeutig Erlebnisgastronomie.

47 Bain's Kloof Pass ★

Der 26,8 Kilometer lange Bain's Kloof Pass zwischen Wellington und Ceres, eine von Südafrikas absoluten Traum-Bergstraßen, wurde 2022 nach fast vier Jahren Arbeit und einer Investition von 317 Millionen Rand wiedereröffnet. Ursprünglich von Andrew Geddees Bains 1849 als Ochsenwagen-Route zwischen Wellington und Ceres erbaut, steht die Straße seit 1980 unter Denkmalschutz. Daher durften ihr Verlauf und ihre Breite auch nicht verändert werden. Aber der vorher extrem holprige Belag ist nun bestens erneuert. So ist es eine echte Freude, über den Pass zu fahren.

Fast schon Toskana-Feeling: Vom Casa Simelia sieht man bei schönem Wetter bis zum weit entfernten Tafelberg 31.

Kulinarisch

36 Expérience d'Arauna €, Arauna Farm Wellington, Slangrivierpad, Voor Groenberg, Wellington, Tel. 082 4450551, 082 4409686, Facebook: Expérience d'Arauna. Der perfekte Platz für den Lunch am Sonntag. Farmfrische Zutaten, sehr gute, bodenständige Gerichte. Das Butter Chicken ist hervorragend, aber auch die Ouma's Chicken Pies – Hühnerpasteten nach Großmutters Rezept – sind nicht zu verachten. An manchen Tagen auch Dinner.

Übernachten

37 Simelia Wines and Country House €€, Woestkloof Farm, Simelia Wine Estate, Wellington, Tel. 072 3368036, www.simelia.co.za. In dem eleganten und großzügigen Selbstversorger-Häuschen Casa Simelia mit grandioser Aussicht und mit Zypressen bepflanzter Auffahrt kommen schon fast Toskana-Gefühle auf – wenn da nicht der Tafelberg in der Ferne am Horizont aufragen würde. Auf dem von Simon und seiner Frau Celia betriebenen Simelia-Weingut können bis zu vier Personen in zwei DZ nächtigen. Zwei Nächte Aufenthalt Minimum, aber die meisten Gäste wollen länger bleiben. Nicht vergessen, die herrlichen Weine zu verkosten!

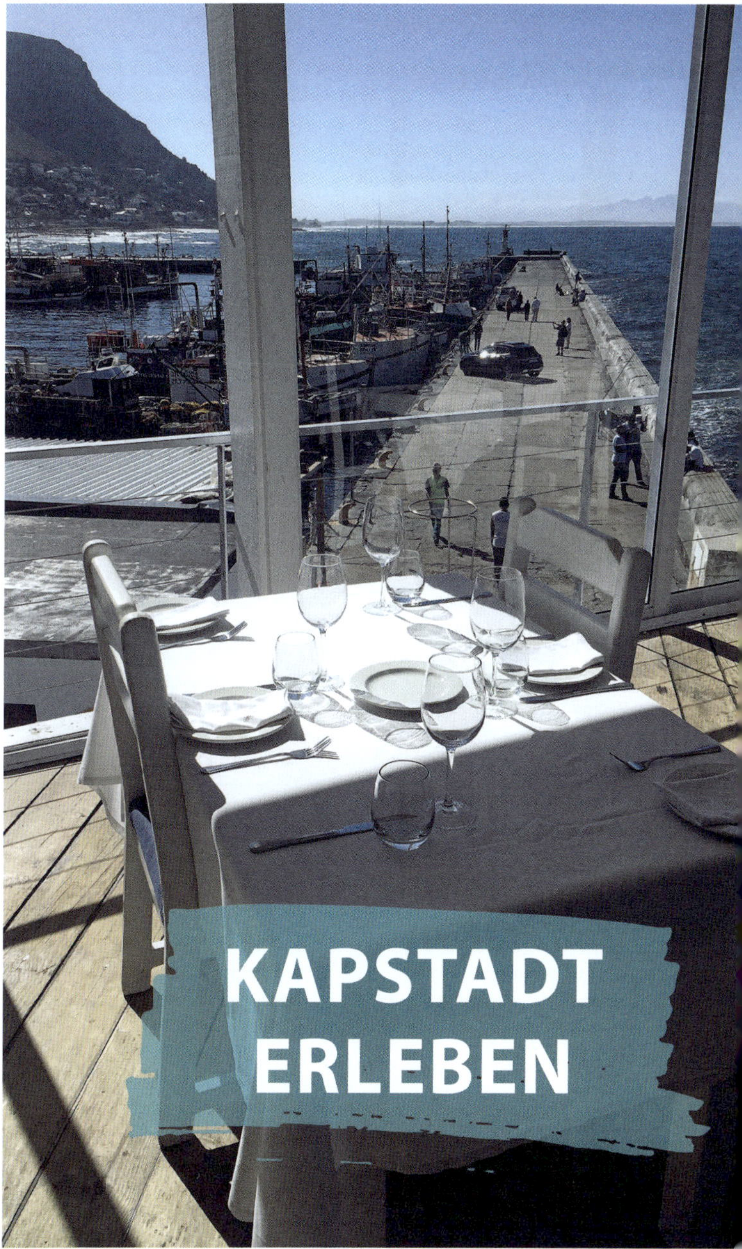

KAPSTADT ERLEBEN

112kp Abb.: dl

Kapstadt für Kunst- und Museumsfreunde

Kapstadt beherbergt ein Reihe ganz unterschiedlicher, interessanter Museen und Galerien. 13 von ihnen gehören dem Kapstädter **Museumsverband Iziko** an. Der Name kommt aus der Sprache der Xhosa und bedeutet „Feuerstelle" oder „Herdstelle".

Museen

M38 [D6] **Bo-Kaap Museum,** 71 Wale St., Bo-Kaap, Tel. 4813939, www.iziko.org.za/museums/bo-kaap-museum, geöffnet: Mo.–Sa. 10–17 Uhr, Eintritt Erw. 20 Rand, Kinder 6–18 Jahre 10 Rand, gehört zum Museumsverband Iziko. Dieses „schuhschachtelgroße" Museum taucht in die Geschichte der Menschen von Bo-Kaap ein. Man erfährt alles über die Herkunft der dort lebenden Moslems, ihre Sitten und ihren Beitrag zum kulturellen Mix der Stadt. Es gibt faszinierende historische Fotos des Stadtviertels.

M39 [D8] **Cape Town Holocaust Centre,** 88 Hatfield St., Gardens, Tel. 4625553, www.ctholocaust.co.za, geöffnet: So.–Do. 10–17, Fr. 10–14 Uhr, freier Eintritt, eine Spende wird erwartet. Das eindrucksvolle, interaktive Hightech-Holocaust-Zentrum ist sehr gut gemacht. Es zeigt die Geschichte der südafrikanischen Juden, die hauptsächlich aus Litauen stammten. Im Erdgeschoss steht der Nachbau eines jüdischen Städtchens, *Stetl* genannt.

1 [F7] **Castle of Good Hope.** Interessantes Militärmuseum in Kapstadts ältestem Gebäude (s. S. 15).

Vorseite: Essen mit Aussicht – einer der besten Tische im Harbour House Restaurant (s. S. 41) in Kalk Bay 36

3 [E7] **District Six Museum.** Hier wird der während der Zeit der Apartheid enteignete und zerstörte multikulturelle Stadtteil District Six wieder lebendig (s. S. 17).

44 **Franschhoek Motor Museum.** Exzellente Klassiker-Sammlung von Johan Rupert auf dem L'Ormarins-Weingut zwischen Stellenbosch und Franschhoek (s. S. 50).

29 [dh] **Heart of Cape Town Museum.** Der Operationssaal, in dem die erste Herzverpflanzung der Welt stattfand, ist Teil dieses Museums (s. S. 36).

4 [E5] **Koopmans-de Wet House.** Wunderbar restauriertes historisches Wohnhaus in der Strand Street (s. S. 17).

13 [D7] **Planetarium.** Bequem zurückgelehnt den südlichen Sternhimmel erleben (s. S. 23).

M40 [E5] **Prestwich Memorial Building & Garden,** St. Andrew's Square, Ecke Buitengracht/Somerset Rd., City, geöffnet: Mo.–Fr. 8–17, Sa., So. 8–13 Uhr, Eintritt frei. Hier befinden sich 4500 Kisten mit menschlichen Knochen. Bei Straßenarbeiten im Jahr 2003 entdeckten Arbeiter das Massengrab, von dem man annimmt, dass die sterblichen Überreste von Sklaven, Seeleuten, freien Arbeitern und anderen Mitgliedern von Kapstadts „Unterschicht" des 18. Jh. und 19. Jh. stammen. Die namenlosen Seelen sollten hier ihre endgültige Ruhe finden. Eine Ausstellung zeigt das Leben der Sklaven.

21 [E2] **Robben Island Museum.** Eine Fotoausstellung über die berühmte Gefängnisinsel im Clock Tower Precinct der Waterfront (s. S. 29).

M41 [E8] **Rust & Vreugd,** 78 Buitenkant St., Tel. 4643280, www.iziko.org.za/museums/rust-en-vreugd, geöffnet: Mo.–Fr. 10–17 Uhr, Eintritt 60 Rand, gehört zum Museumsverband Iziko. Hin-

083kp Abb.: dr©Louise Rivard

ter der unscheinbaren aprikosenfarbenen Außenwand verbirgt sich ein friedlicher Garten mit Pavillon und ein beeindruckendes, 1777 erbautes Herrenhaus. Ein reicher Offizieller der Vereenigde Oostindische Compagnie mit guten Beziehungen ließ es offiziell als Stadthaus für das Finanzamt der Kompanie bauen, lebte dann aber recht komfortabel selbst dort. Innen sind heute historische Lithografien, Radierungen und Aquarelle vom 16. Jh. bis zum 19. Jh. zu sehen. Sie geben einen guten Einblick in den Cape Town Lifestyle vergangener Epochen. Das Haus ist außerdem angeblich das am meisten von Geistern heimgesuchte Gebäude der Stadt.

8 [E6] **Slave Lodge Museum.** Im zweitältesten Gebäude Kapstadts hausten einst die Sklaven, heute ist hier ein kulturelles Museum untergebracht (s. S. 20).

M **42** [D8] **South African Jewish Museum,** 88 Hatfield St., Gardens, Tel. 4651546, www.sajewishmuseum.co.za, geöffnet: So.–Do. 10–17, Fr. 10–14 Uhr, Eintritt Erw./Studenten 200/50 Rand. In einem stilvoll designten Gebäude wird die Geschichte der jüdischen Gemeinde Südafrikas anschaulich dargestellt. Der Eingang – durch die älteste Synagoge (1863 eingeweiht) des Landes – birgt eine Ausstellung jüdischer, zeremonieller Kunst. Die Synagoge ist mit dem Rest des Museums durch eine schicke Glasbrücke verbunden. Auf der anderen Seite sind viele Exponate zu den ersten jüdischen Einwanderern und ihre Rolle im Anti-Apartheid-Kampf ausgestellt.

12 [D7] **South African Museum.** Das wohl bekannteste Museum der Stadt bietet Exponate aus der südafrikanischen Kultur und Natur (s. S. 22).

M **43** [E6] **South African Slave Church Museum,** 40 Long St., City, Tel. 4236755, geöffnet: Mo.–Fr. 9–16,

Abfahrt mit der „Dias" nach Robben Island

034kp Abb.: dl

Schulferien 9–12 Uhr, Eintritt frei, Spende willkommen. In der Long Street Nr. 40 befindet sich eines der baulichen Highlights der Straße, die Old Slave Church (Alte Sklavenkirche). In ihrem Innern findet sich das South African Slave Church Museum. Die Kirche wurde 1799–1804 für die schwarze Gemeinde als holländisch-reformierte Missionskirche (Dutch Reformed Mission Church) gebaut. Die neoklassische Fassade ähnelt mit ihren korinthischen Wandpfeilern und Giebeln der alten Lutherischen Kirche in der Strand Street. Die Apartheid-Regierung beschloss 1970, die Kirche zu demolieren und eine Replika in einem *Coloured Township* zu errichten. Massive Proteste retteten das Bauwerk. Heute findet sich im Innern neben einer eindrucksvollen Kanzel eine ebensolche Orgel und ein Museum, das die Missionsarbeit der verschiedenen Kirchen in Südafrika anschaulich darstellt.

M 44 [do] **Toy Museum & Collector's Shop,** St. Georges's St., Simon's Town, Tel. 7861395, geöffnet: Mo.–Do. u. Sa. 10–15.45 Uhr, Eintritt 20 Rand. Eine Freude für große und kleine Kinder ist das Spielzeugmuseum in Simon's Town. Schwerpunkt sind Modellautos und die Modelleisenbahn mitten im Raum.

43 **Wijnland Auto Museum.** Eines der wohl ungewöhnlichsten Oldtimer-Museen, wo die Automobilklassiker pittoresk im Freien vor sich hinrosten. Selfie im ausgedienten Airliner nicht vergessen (s. S. 49)!

22 [E3] **Zeitz MOCAA – Zeitz Museum of Contemporary Art Africa.** In dem architektonischen Meisterwerk wird afrikanische Kunst auf fünf Stockwerken zelebriert. Dafür wurden die ehemaligen Getreidesilos in einen magischen Raum verwandelt (s. S. 31).

Das Slave Lodge Museum 8 *residiert im zweitältesten Gebäude der Stadt*

Kunstgalerien

Alle im Folgenden aufgeführten Galerien bieten Käufern von Kunstwerken internationalen Versand an.

45 [E6] **Association for Visual Arts (AVA),** 35 Church St., City, Tel. 4247436, www.ava.co.za, geöffnet: Mo.–Fr. 10–17 Uhr, Sa. 10–13 Uhr. Ein geschäftige, nicht profitorientierte Gallery im Herzen der Stadt, die alle drei Wochen neue, innovative Ausstellungen kontemporärer lokaler Künstler veranstaltet. Die Preise sind recht niedrig.

46 [E6] **GalleryF,** 78 Shortmarket St., City, Tel. 4225246, www.galleryf.co.za, geöffnet: Mo.–Fr. 10–16, Sa. 10–13 Uhr. Hier stellen Südafrikas beste Fotografen aus und verkaufen auch.

47 [D6] **Johans Borman Fine Art Gallery,** In-Fin-Art Building, Upper Buitengracht, City, Tel. 6836863, www.johansborman.co.za, geöffnet: Mo.–Fr. 9.30–17.30, Sa. 10–13 Uhr. Schönste südafrikanische Kunst von lokalen Meistern und kontemporären Künstlern.

14 [D7] **South African National Gallery.** Die Nationalgalerie Südafrikas stellt Werke von lokalen Künstlern aller Hautfarben aus (s. S. 23).

48 [E6] **The Cape Gallery,** 60 Church St., City, www.capegallery.co.za, Tel. 4235309, geöffnet: Mo.–Fr. 10–17, Sa. 9.30–14 Uhr. Das historische Gebäude beherbergt feine Kunst, so auch viele der letzten Gemälde des verstorbenen Südafrikaners Solomon Siko.

Meine Tipps

Maßgeschneiderte Kunstrundgänge

Die Kunstkenner von **Artroute** führen individuell nach den Vorlieben ihrer Gäste Touren in kleinen Gruppen zu lokalen Künstlern und Galerien durch. Mit leckerem Pop-up-Lunch im Trendviertel Woodstock.

› **Artroute Cape Town,** www.artroute.co.za, Tel. 082 0910859

Nächtliche Galerie-Tour

An jedem ersten Donnerstag im Monat, wenn Dutzende von Kunstgalerien bis spät in die Nacht offen bleiben, wird Kapstadts City richtig lebendig. Zentrum des Geschehens sind Bree Street und Church Street [D6]. Da sich dort auch viele gute Restaurants befinden, kann der Kunst- mit einem Gourmet-Genuss verbunden werden. Man sollte früh kommen, da sich hier am Abend Tausende von Leuten einfinden.

› www.first-thursdays.co.za

136kp Abb.: dl

Das Zeitz Museum of Contemporary Art Africa **22** *ist in einem architektonisch außergewöhnlichen Gebäude untergebracht*

122kp Abb.: dl

Kapstadt für Genießer

Kapstadtreisende können ihre kulinarischen Bedürfnisse voll auskosten. Frische Zutaten wie Wild aus dem Landesinneren oder Fisch aus dem Meer, dazu exzellente Köche aus aller Welt und fantasievolle Kombinationen von verschiedenen Geschmacksrichtungen führen zu gastronomischen Highlights.

Mein Tipp

Biltong

Eine echte südafrikanische Spezialität ist *Biltong*, **getrocknetes Fleisch** von Rind oder Wild wie Kudu, Springbock, Strauß usw. Es wird in verschiedenen Härtegraden verkauft – von zahn- bis zahnarztfreundlich – also von feucht (Bündnerfleisch-artig) bis trocken (Ledergürtel-artig). Abgepackt ist es so gut wie überall erhältlich, vom Supermarkt bis zum Lebensmittelladen.

142kp Abb.: ©Aninka, stock.adobe.com

Die südafrikanischen Küche

Wer eine typisch südafrikanische Mahlzeit genießen möchte, sollte besser kein Vegetarier sein. Alle erdenklichen **Wildfleischkreationen** *(venison)*, **Rinder- und Straußensteaks, Bratwürste, Karoo-Lamm, Eisbein** und **Geflügelarten** gehören auf den südafrikanischen Tisch. Ebenso natürlich fangfrischer **Fisch**, wobei hier sehr darauf geachtet wird, dass die jeweiligen Flossenträger nicht auf der Liste der vom Überfischen bedrohten Arten stehen. Renommierte Fischrestaurants haben die Aufkleber der Organisation SASSI (Southern African Sustainable Seafood Initiative, www.wwfsassi.co.za) mit den drei Fischsymbolen in rot, gelb und grün an ihren Eingangstüren. Die Essensqualität endet auch nicht bei den Beilagen. Hauptgerichte werden immer mit frischem Gemüse, frischen Sala-

⊡ *Alles Gute, was aus dem Meer gefischt wird, kommt auf den Tisch*

ten, Kartoffeln, frisch gebackenem Brot oder Reis gereicht. Pommes heißen in Südafrika übrigens *chips.*

Das **alkoholische Getränk** Nr. 1 in Kapstadt ist Wein, gefolgt von Brandy und Bier. Dass Südafrikas Weine keine Außenseiter mehr sind, ist mittlerweile bekannt. In und um Kapstadt gedeihen Weltklasseweine, aber auch gute Tröpfchen sind selbst im Restaurant überraschend günstig.

Es gibt verschiedene, lokale **Nachspeisen:** *Cape Brandy Pudding, Malva Pudding* und *Melktart* sind sehr beliebt, aber natürlich werden auch internationale Klassiker mit Südafrikatouch angeboten wie z. B. Crème brûlée mit Amarula oder Tiramisu mit Youngberry-Soße.

Gastro- und Nightlife-Areale
Bläulich hervorgehobene Bereiche in den Karten kennzeichnen Gebiete mit einem dichten Angebot an Restaurants, Bars, Clubs, Discos etc.

Im Restaurant

Fast alle Restaurants bieten ihre Speisen in einzigartigem Ambiente an. Sie sind bis ins kleinste Detail fantasievoll gestaltet, stilvoll dekoriert und führen ihre Gäste in eine Welt, die wunderbar mit den kulinarischen Genüssen harmoniert.

Die Preise für ein Hauptgericht in einem der Nobelrestaurants der

Leckeres und Hochprozentiges

- Ein **Bunny Chow** ist ein komplett ausgehöhltes, mit Curry gefülltes Toastbrot. Der Kapstädter Pausensnack für einheimische Arbeiter und Angestellte.
- **Chakalaka** ist eine grobe, scharfe Soße, die aus Tomaten, Zwiebeln, Paprikaschoten, Chillies und Gemüse hergestellt wird.
- **Amarula** wird unter Zusatz von Zucker und Sahne aus der blassgelben Frucht gleichen Namens hergestellt und ist eine Art afrikanischer Baileys – mit Eis serviert der perfekte Digestif.
- **Springbokkies** ist ein braun-grüner Cocktail aus Amarula und Pfefferminzlikör, der Amarula „schwimmt" dabei auf dem giftgrünen Pfefferminzlikör – knallhart.
- **Witblits** wird aus Trauben destilliert. Der Schnaps ist unter verschiedenen Namen wie z. B. „Donkiedop" (Esels-Drink) oder „Withond" (Weißer Hund) bekannt und der manchmal um den Flaschenhals gewickelte Stacheldraht soll andeuten, dass dieser Hochprozenter ordentlich reinhaut. Kaum zu glauben, dass man davon nicht blind wird.
- **Klippies-en-Coke** ist Lieblingsgetränk der weniger trendigen Kapstädter. Das Feuerwasser „Klipdrift Brandy" wird mit Cola „verfeinert" und auf Eis getrunken.

Kapstädter Fastfood: Bunny Chow

Stadt sind mit etwa 200 Rand pro Person so günstig, dass Kapstädter sehr häufig Restaurants besuchen. **Alkoholische Getränke** sind, im Restaurant bestellt, außerdem meist nicht viel teurer als im Laden.

Es ist üblich, im Restaurant 15 Prozent des Rechnungsbetrages als **Trinkgeld** zu geben. Die meisten Kellner sind auf die Trinkgelder angewiesen, da ihnen oft nur ein minimales Grundgehalt gezahlt wird. Parkwächtern, die sich vor fast allen Restaurants finden, gibt man 10 Rand Trinkgeld.

In fast allen Restaurants kann man seinen **eigenen Wein mitbringen** („Bring Your Own" = BYO). Dann zahlt man eine *corkage fee*, ein „Korkengeld".

In Restaurants gilt **„Wait to be seated"**. Man wartet also, bis man an einen Tisch gebracht wird, und erhält dann die Speisekarte. Dann kommt die Bedienung, die sich meist mit Namen vorstellt.

Restaurants

Afrikanisch

49 [D6] **Addis in Cape** €€, 168 Loop Street, City, Tel. 076 8460929, www.addisincape.co.za, geöffnet: Mo.–Fr. 12–14.30, Mo.–Sa. 17.30–22.30 Uhr. Wunderschön dekoriertes Restaurant, das, wie der Name schon sagt, Addis Abeba ans Kap bringt. Hier wird, wie traditionell in Äthiopien üblich, mit den Händen gegessen. Milde und scharfe Eintöpfe stehen ebenso auf der Karte wie Reismehlpfannkuchen.

50 [D5] **Biesmiellah's** €€, Ecke Wale/Pentz St., Bo-Kaap, Tel. 4230850, www.biesmiellah.co.za, geöffnet: Mo.–Do. 11–22 Uhr, Fr., Sa. 11–23 Uhr. Ein weiterer Kapstadt-Klassiker. Hier gibt es die typisch südafrikanischen Gerichte der kap-malaiischen Küche, wie Currys und *bredies* (Eintöpfe). In dem muslimischen Restaurant wird allerdings kein Alkohol ausgeschenkt.

Typisch Kapstadt

Die Bezeichnung „Typisch Kapstadt" für die folgenden Restaurants ist eine subjektive Sicht des Autors und unabhängig von der Küchenrichtung. Sie steht für eine Art von Restaurant, das aufgrund seines Ambientes, seiner Essensqualität, der Freundlichkeit und Herzlichkeit der Angestellten das typische Kapstadtgefühl vermittelt, eine Mischung aus mediterranen, kalifornischen, karibischen und afrikanischen Elementen. Klingt komisch? Ausprobieren!

51 [E5] **Chef's Warehouse at the Bailey** €€€, The Bailey, 91 Bree St., Tel. 7730440, www.the-bailey.co.za, geöffnet: Mo.–Sa. 12–21 Uhr. Der irische Promikoch und Multi-Restaurantbesitzer Liam Tomlin hat im März 2023 seinen neusten Esstempel im Erdgeschoss des „The Bailey" eröffnet. Und seine altbekannten, kulinarischen Spezialitäten sind zurück, wie Salz-und-Pfeffer-Tintenfisch mit Chili, Ananas mit karamelisiertem Ingwer, vietnamesische Reispapierrollen und klassisches Risotto. Dazu gibt es einige neue Gerichte, konzipiert von Liam und dem Chefkoch des in der Etage darüber befindlichen „The Bailey", Asher Abramowitz.

52 [E5] **Club 9 & Dapper Coffee Company** €, 61 Bree St., Tel. 082 0012560 (Dapper), www.club9.co.za, www.dappercoffeeco.co.za, geöffnet: Mo.–Fr. 7–15, Sa. 8–12 Uhr. Hier werden in denselben Räumlichkeiten sowohl guter Kaffee und kleine, aber leckere Gerichte als auch Young- und Oldtimer verkauft. Ein visueller Genuss nicht nur für jene mit Benzin im Blut. Die Bagels sind prima, die Atmosphäre cool und relaxt.

53 [E8] **Dog's Bollocks** €€, 6 Roodehek St., Tel. 082 8855719 oder 083 4407843, Facebook: The Dogs Bollocks Burger Restaurant. Zwischen zwei Gebäuden in einer überdachten Passage untergebrachtes „Restaurant". Skurrilität ist Programm: Bestellung via Schiefertafel, Getränke sind im Kühlschrank, Wein gibts nicht im Glas und Kreditkarten sind verpönt.

54 [C8] **ëlgr Restaurant** €€-€€€, 75 Kloof Street, City, Tel. 4220384, www.elgr.co.za, geöffnet: Di., Mi. 17–23, Do.–Sa. 12–15, 18–23 Uhr. Ëlgr ist das altnorwegische Wikingerwort für Elch, aber Chefkoch Jesper ist (nicht so) alter Schwede. Das elegant-relaxte, urbane Restaurant in der Kloof Street bietet neben exzellenter neapolitanischer Pizza aus dem Holzofen viele Tapasgerichte zum Teilen an. Die Speisekarte wechselt häufig. Saisonal, frisch und immer von der Kreativität des in der offenen Küche werkelnden Jesper beeinflusst. Ein Sommelier empfiehlt die richtigen Tropfen aus der ausführlichen Weinliste.

55 [D1] **Grand Cafe & Beach** €€€-€€€€, Haul Road, Granger Bay, Waterfront, Tel. 4250551, www.grandafrica.com, geöffnet: tägl. 12 Uhr bis spät. Mehr Holiday-Feeling in einem citynahen Restaurant geht definitiv nicht. Das Grand, zwischen Waterfront und Granger Bay gelegen, besitzt seinen eigenen kleinen weißen Sandstrand, wo Tische, Stühle und Sonnenschirme stehen. Drinnen sitzen Gäste in einem früheren Lagerhaus, das inzwischen opulent eingerichtet ist. Die Meeresfrüchte gehören zu den besten Kapstadts und lassen sich nirgendwo atlantiknäher genießen. Die Pizza aus dem Holzofen ist ebenfalls spitze, nicht zu vergessen die erstklassigen Steaks. Besonders am Abend lässt es sich wunderbar an einer der fünf Bars beim Sundowner relaxen. Obwohl es Sitzplätze für 870 Gäste gibt, hält die Küche nicht nur mit, sondern ist wirklich erstklassig.

56 [D5] **I love my Laundry** €, 59 Buitengracht St., Heritage Square, Tel. 074 9921481, www.ilovemylaundry.com, geöffnet: tägl. 7–19 Uhr. Hier wird nicht nur Wäsche gewaschen, sondern auch getrocknet, gebügelt, gefaltet, gefärbt und genäht. Dazu gibt es Weinverkauf, Kunstaustellungen, Weinproben und Veranstaltungen. Im Café und an der Dim-Sum-Bar kann man relaxen, während die Wäsche in der Maschine schleudert.

57 [C7] **Kloof Street House** €€€, 30 Kloof St., Gardens, Tel. 4234413, www.

081kp Abb.: dl

Burgerladen mit Streetfood-Charme: Dog's Bollocks

Restaurantkategorien

Die Preiseinteilung bezieht sich auf den durchschnittlichen Preis für ein Hauptgericht ohne Getränke.

€	bis 120 Rand (ca. 6 €)
€€	120–250 Rand (6–13 €)
€€€	250–400 Rand (13–20 €)
€€€€	über 400 Rand (über 20 €)

120kp Abb.: dl

kloofstreethouse.co.za, geöffnet: tägl. 12–23 Uhr. Schon ein kurzer Blick auf die Website des Kloof Street House zeigt einem, was hier geboten wird: prima Essen in den verschiedenen Zimmern eines ehemaligen, überschwenglich und teilweise plüschig eingerichteten Wohnhauses – Erlebnisgastronomie vom Feinsten.

› **Redemption Burgers** €, Old Biscuit Mill (s. S. 81), Tel. 4470833 oder 071 3789923, Facebook: Redemption_Burgers, geöffnet: Mo.–Sa. 7.30–22 Uhr. Kleines, aber cooles Burger-Restaurant. Es gibt nur vier Burger, aber die sind der Hammer: Beef, Chicken, Ostrich und vegetarisch. Dazu Bier aus einer der Mikro-Brauereien Kapstadts.

58 [di] **Royale Eatery (1)** €€, 20 Vineyard Rd., Claremont, Tel. 2066336, www.royaleeatery.com, geöffnet: Mo.–Sa. 12–23.30 Uhr. Das beliebte Burger-Restaurant war einst ein Highlight in der Long Street und ist dann nach Claremont umgezogen. Die mehr als 50 Varianten von Gourmet-Burgern sind nach wie vor prima. Es gibt auch ein großes vegetarisches Angebot. Mit zwei weiteren Filialen:

Die Burger im Three Feathers Diner werden liebevoll zubereitet

59 [B1] **Royale Eatery (2)** €€, Mouille Point, The Deck on Beach, Tel. 8793402

60 [E2] **Royale Eatery (3)** €€, Waterfront, Harbour View, Shop 6160B, Tel. 8793445

61 [D7] **The Company's Garden Restaurant** €€, 19 Victoria St., Tel. 4232919, www.thecompanysgarden.com, geöffnet: tägl. 7–18 Uhr. Die Macher der einstigen Zirkusshow Madame Zingara (www.madamezingara.com) stehen für absolut trendige Essensplätze. Freundliche Bedienung und natürlich-luftiges Ambiente mit vielen Tischen im Freien. Man sollte Platz für einen der Kuchen lassen. Der Kaffee ist selbstredend exzellent.

62 [dg] **Three Feathers Diner** €€, 78 Bromwell St., Woodstock, Tel. 4486606, https://three-feathers-diner.business.site, Mo.–Fr. 9.30–17, Sa. 9–17 Uhr. Eine ungewöhnliche Mischung aus Kneipe, Diner, Hot-Rod-Shop, Tattoo-Studio und Barbier – in Europa undenkbar. Coole Inneneinrichtung mit typischem Woodstock-Vibe. Die Burger sind lecker und freitags grillt der griechischstämmige Christos Schweinenacken im Stil seiner alten Heimat zum All-you-can-eat-Preis, mit handgeschnittenen Pommes, griechischem Salat und Tzatziki.

63 [C8] **Van Hunks** €€, 1 Upper Union St., Tel. 4225422, Facebook: Van Hunks, geöffnet: Mo.–Sa. 10–2, So. 10–24 Uhr. Cooles Kneipen-Restaurant in historischem Haus, bei Studenten beliebt, Biere von Mikro-Brauereien. Die Steaks und vor allem die Rippchen *(ribs)* sind der Hammer: Sie fallen beim Ansehen bereits vom Knochen. Viel Platz im Freien, sehr nettes Personal.

Seafood

64 [E2] **Baia** €€€-€€€€, V & A Waterfront, 1. Stock, Tel. 1370082, www.baia-restaurant.co.za, geöffnet: Mo.–Do. 18–22, Fr.–So. 12–15.30, 18–22 Uhr. Der bewährte Klassiker unter den Meeresfrüchte-Restaurants Kapstadts mit grandiosem Tafelberg-Panoramablick. Der portugiesische Besitzer kauft nach wie vor nur handverlesenen Fisch und Seafood von bester Qualität ein. Das schmeckt man. Die Küche ist klassisch, der Service freundlich und professionell, das Ambiente elegant.

65 [bh] **Codfather** €€€, Camps Bay, 37 The Drive, Tel. 4380782, www.codfather.co.za, geöffnet: tägl. 12–22.30 Uhr. Während die Restaurants direkt an der Flaniermeile den Strand entlang oft zu teuer und qualitativ nicht bemerkenswert sind, bietet Codfather seit Jahren konstant gutes Seafood und mehr. Gäste suchen sich aus der reich bestückten Vitrine Fisch und Meeresfrüchte aus, diese werden dann gewogen, man bekommt den Preis gesagt und genießt seine Wahl bereits kurz darauf mit leckeren Pommes und knackigem Gemüse. Außerdem gibt es Sushi am laufenden Band, aber die klassische Grillküche ist spannender.

66 [D7] **Sea Breeze Fish & Shell** €€-€€€, 213 Bree Street, City, Tel. 074 7939349, www.seabreezecapetown.co.za, geöffnet: tägl. 12–21.30 Uhr. Schlicht möbliertes Seafood-Restaurant in der Bree Street. Kulinarisch hochklassig, mit klassischen und kapmalayisch beeinflussten Gerichten. Große Weinkarte, zweimal täglich Austern-Happy-Hour.

Gourmetküche

67 [F3] **Beluga** €€€€, Cape Town Cruise Terminal, 1. Stock, Duncan Road, Waterfront, Tel. 4182948, www.beluga.co.za, geöffnet: tägl. 7–22 Uhr. Der Kapstädter Restaurantklassiker mit euro-asiatischer Küche – von 2000 bis 2020 an anderer Stelle beheimatet – ist wiederauferstanden: modern, kühl und elegant, direkt dort, wo die Passagiere der riesigen Kreuzfahrtschiffe an Land gehen. Das Menü ist gewohnt gut, von Austern über Sushi bis zu Fleischgerichten. Die Aussicht auf den „richtigen", eher von Industrie geprägten Hafen ist deutlich anders als in der nebenan gelegenen, herausgeputzten Waterfront.

› **Belthazar Restaurant & Wine Bar** €€€, Shop 153, Lower Level, Victoria Wharf (s. S. 75), Tel. 4213753, 4213756, www.belthazar.co.za, geöffnet: tägl. 12–23 Uhr. Eine der ausführlichsten Weinkarten des Landes: 600 Weine, davon sind über 100 im Glas erhältlich (24–400 Rand). Zu essen gibt es Seafood und Steaks, drinnen im Hightech-Lagerhaus-Stil, draußen mit Waterfront-Ambiente.

Mein Tipp

Erlebnis der Sinne

Das 2022 eröffnete Dusk ist derzeit eine der aufregendsten Adressen im Weinland. In dem relativ kleinen Restaurant ist es dunkel und mysteriös. Die Beleuchtung ist auf den Tisch konzentriert, wo die kulinarischen Kreationen von Chefkoch Darren Badenhorst zelebiert werden. Zubereitet werden diese in einer offenen Küche. Es gibt ausschließlich ein Gourmetdinner mit 13 Gängen und optionaler Weinbegleitung. Der Fokus liegt auf lokalen, saisonalen Zutaten.

68 **Dusk** €€€€, 43 Plein Street, Tel. 023 4100, www.duskrestaurant.co.za, Di.–So. 18–20 Uhr

🍴69 **Faber** €€€€ 🌿, Lustigan Road, Klein Drakenstein, Paarl, Tel. 2021219, www.avondalewine.co.za/faber, geöffnet: Mi.–So. 12–15, Fr., Sa. 19–21 Uhr. Hervorragende Gastronomie mit erlesenen Weinen auf dem Öko-Weingut Avondale (www.avondalewine.co.za), wo auch sogenannte Eco Wine Safaris stattfinden. Inspirierende Geschmackserlebnisse, die in zwei-, drei- oder gar siebengängigen Menüs auf die herrlich gedeckten Tische gelangen. Eines der Top-Restaurants im Weinland.

› **Salon Pot Luck** €€€, Old Biscuit Mill (s. S. 81), Silogebäude, 1. Stock, Tel. 4470804, www.salonpotluck.co.za, geöffnet: Mo.–Sa. 16–23 Uhr. Der britische Promikoch Luke Dale-Roberts hat 2023 direkt unter seinem fast immer ausgebuchten Gourmetrestaurant The Pot Luck Club den Salon Pot Luck eröffnet. Der Salon ist auf Häppchen *(canapés)* spezialisiert, die die Restaurantgäste auf den Abend einstimmen sollen. Aber man kann natürlich auch nur hier buchen. Es gibt Lukullisches wie Hühner- und Entenleberparfait mit Pilzen, Schwarzwald-„Kuchen" mit Vanille, Parmesan-Shortbread, dunkler Schokolade und Kirschgelee und nicht zu vergessen die Trüffel-Törtchen und Hummerhäppchen.

MEIN TIPP

Essen mit Meerblick

Das Dach-Restaurant mit Cocktaillounge The Nines ist einer der Trendplätze der Kapstädter Atlantikseite. Hier ist Sehen und Gesehenwerden angesagt. Die 270-Grad-Aussicht auf Sea Point und den Atlantik ist grandios, speziell zum Sundowner, wenn die Sonne meist spektakulär im Meer abtaucht. Das Essen ist schmackhaft und der Service trotz hektischer Betriebsamkeit aufmerksam. Manche kommen zum Lunch und bleiben bis zum Sundowner. Angefangen mit Austern und Sekt, gefolgt von Alaska King Crab, Tiger Prawns, Risotto oder einer Scholle Meuniere. Das Angebot reicht von knackig-frischen Salaten bis zu trocken maturierten Steaks – nicht zu vergessen die unwiderstehlichen Nachtische.

🍴70 [bg] **The Nines** €€€-€€€€, 19 Kloof Rd., Ninth Floor, Station House, Sea Point, Tel. 7456609, www.thenines.co.za, geöffnet: tägl. 12–23 Uhr

121kp Abb.: dl

Asiatisch

71 [E7] **Downtown Ramen** €, 103 Harrington St., District Six, Tel. 0681503420, Facebook: Downtown Ramen, geöffnet: Mo.-Sa. 12-23 Uhr. Kein Schickimicki hier, einfache Einrichtung, aber leckeres Essen. Wie am Namen unschwer zu erkennen, gibt es hier japanische Nudelsuppen und Bao, brotähnliche Knödel gefüllt mit Fleisch oder Vegetarischem. Zum Runterspülen kann man japanisches Bier trinken.

72 [E6] **Haiku** €€€, 58 Burg St., City, Tel. 4247000, www.bukhara.com/haiku, geöffnet: Mi.-Sa. 11-23, So.-Di. 11-22 Uhr. Nomen est omen, die hier servierten Dim Sum sind ein echtes Gedicht. Dunkles Ambiente mit recht eng gestellten Tischen. Ein idealer Platz, um die leckeren dampfenden Knödel zu kosten. Außerdem gibt es Sushi, Nudeln und alles, was die asiatische Küche hergibt. Die Köche kommen alle aus verschiedenen asiatischen Ländern.

73 [E5] **Obi Restaurant** €€, 14 Long Street, City, Tel. 4184040, www.obirestaurant.co.za, geöffnet: Di.-Sa. 12-14, 18-21 Uhr. Besitzer Papa San besaß einige Kultrestaurants in Tokyo, bevor es ihn nach Kapstadt verschlug. Seine teilweise experimentellen japanischen Gerichte sind von den normalerweise feilgebotenen Rainbow Rolls weit entfernt. Tipp: das Bento Box Lunch Special mit Miso-Suppe, Krabben, California Rolls, Lachsrose, Nigiri (Thunfisch und Lachs) und vegetarischem Tempura mit Tentsuyu-Soße.

Italienisch

74 [C8] **Loco** €€€, 75 Kloof Street, City, Tel. 4247504, Facebook: LOCO Restaurant, geöffnet: Di.-Do. 12-22, Fr., Sa. 12-22.30, So. 12-21.30 Uhr. Authentischer Italiener in tollem Ambiente, mit zum Teil exponierten alten Backsteinwänden. Die traditionelle Trattoria serviert trotz des relaxten Ambientes hochpreisige italienische Gourmet-Speisen. Einfach, aber mit erlesenen Zutaten. Die Pasta ist natürlich hausgemacht.

75 [C7] **Nonna Lina Italian Restaurant** €€, 64 Orange St., Gardens, Tel. 4244966, www.nonnalina.com, geöffnet: Fr.-So. 12-15, Mo.-So. 18-22.30 Uhr. Dies ist einer der besten Pizzaplätze in der Stadt

MEIN TIPP

Lokale mit guter Aussicht

- **Live Bait** (s. S. 41). Hier hat man das Gefühl, direkt in der Brandung zu sitzen.
- **76** **Primi Table View** €, 14 Beach Blvd., Shop 7, Tableview, Tel. 5579770, tägl. 9-22 Uhr. Beste Tafelberg- und Tafelbucht-Aussicht.
- **The Nines** (s. S. 64). Grandioser Blick über Sea Point und das Meer.

Lecker Vegetarisch

Das Angebot an rein vegetarischen Restaurants ist im Verhältnis zur Vielzahl der Kapstädter Lokale recht gering. Dafür bieten aber die meisten „normalen" Restaurants und Kneipen entsprechend in der Speisekarte markierte fleischlose Alternativen an.

- **Biesmiellah's** (s. S. 60). Kapmalayische Küche in einfachem, authentischem Bo-Kaap-Ambiente.
- **Hudsons – The Burger Joint** (s. S. 67) hat auch vegetarische Burger im Angebot.
- **Redemption Burgers** (s. S. 62). Dieses Burger-Restaurant serviert den wohl dekadentesten Veggie-Burger der Stadt. „Redemption" bedeutet nicht umsonst übersetzt „Erlösung".

Für den späten Hunger

- **Van Hunks** (s. S. 62). Hier gibt es bis 2 Uhr nachts Snacks und kleine Rippchen-Portionen.

MEIN TIPP

Braai – das südafrikanische Barbecue

Für Südafrikabesucher ist die Teilnahme an einem traditionellen *Braai* obligatorisch, wobei dabei sowohl Fleisch als auch Fisch auf den Grill kommen kann. Grillen hat für alle (männlichen) Südafrikaner fast kultische Bedeutung und an keinem Haus fehlt der Grillplatz. Eine Spezialität beim *Braai* sind die lecker gewürzten Bratwürste *(boerewors)*, die mit Rind- und Schweinefleisch, Speck, Salz, Pfeffer, Koriander, Muskatnuss, Nelken, Thymian, Cayennepfeffer, Essig, Knoblauch und Worcestersoße hergestellt werden.

Zum Grillfleisch *(braai vleis)* wird traditionell *mealie pap* mit Tomatensoße serviert, ein fester Brei aus weißem, mit Wasser vermischtem Maismehl, der aussieht wie Kartoffelbrei.

Supermärkte wie Woolworths oder Pick n Pay (s. S. 80) verkaufen vakuumverpacktes, auch bereits mariniertes und vorgewürztes Fleisch, das beste der Stadt gibt es aber beim deutschen Metzger Hartlief Deli.

› **Hartlief Deli (2),** Shop Nr. 38, im **Gardens Shopping Centre** (s. S. 75), Tel. 4652729, www.hartlief.co.za, Mo.–Do. 8.30–19 Uhr, Fr. 8–19 Uhr, Sa. 8–17 Uhr, sonn- und feiertags 9–14 Uhr

und es gibt täglich wechselnde Specials. Idealer Stopp vor dem Besuch des Labia-Kinos (s. S. 73).

Deutsch

77 [D8] **Aubergine** €€€, 39 Barnet St., Gardens, Tel. 4654909, www.aubergine.co.za, geöffnet: Mo.–Sa. 18–22 Uhr. Ausgezeichnete Gerichte, die westliche und östliche Einflüsse kombinieren. Deutscher Besitzer, gemütliches Ambiente, idyllische Außenterrasse im Innenhof, ideal für laue Nächte.

Kurdisch/Türkisch

78 [D4] **Anatoli** €€, 24 Napier St., Tel. 4192501, www.anatoli.co.za, geöffnet: Mo.–Sa. ab 18.30 Uhr. Seit 1984 serviert man hier in historischen Mauern erstklassiges türkisches Essen. Immer freundlich-relaxter Service und auf Wunsch wird jedes Gericht genau erklärt.

79 [E6] **Mesopotamia** €€, 36 Burg Street, www.mesopotamiarestaurant.com, Tel. 4244664, geöffnet: Mo.–Sa. ab 18 Uhr. Exotische kurdische Küche, die auf dem mit Kelimkissen ausgelegten Boden vor Kupfertischen sitzend eingenommen wird. Gäste fühlen sich wie Sultan und Sultanin. Im Hintergrund spielt leise kurdische Volksmusik, der Tee kommt direkt aus dem Samowar.

Restaurant mit Livemusik

80 [D5] **Marco's African Place** €€, 15 Rose St., Bo-Kaap, Tel. 4235412, www.marcosafricanplace.com, geöffnet: Di.–Sa. ab 12 Uhr. Marco Radebe, einer der wenigen schwarzen Restaurantbesitzer Kapstadts, kocht mit afrikanischem Touch. Die Gäste kommen allerdings hauptsächlich wegen der von ihm organisierten Konzerte.

Eine echte Kulthandlung: Bierhühnchen-Braai auf dem Grill

Schnell und gut

81 [D6] **Ala Turkish Döner** €, 102 Wale Street, Bo-Kaap, Tel. 073 6003648, geöffnet: tägl. 10.30–20 Uhr. Wer Lust auf einen richtigen Döner hat, wie man ihn in Deutschland, Österreich und der Schweiz kennt, wird hier auf seine Kosten kommen. In Kapstadt ist das türkische Fastfood eher rar. Hier kann es stilecht genossen werden, im ältesten Stadtteil Bo-Kaap an den typischen niedrigen Holztischchen und Stühlchen im Freien. Mit Blick auf die bunten Häuser des Viertels, auf Tafelberg und Lion's Head.

82 [D6] **Clarke's Bar & Dining** €, 133 Bree St., Tel. 4247648, www.clarkesdining.co.za, geöffnet: Mo., Di. 7–17, Mi.–Fr. 7–14, 8–14 Uhr. Amerikanisches Diner-Essen, liebevoll mit frischen Zutaten zubereitet. Sandwiches mit gerupftem Schweinefleisch und Frühstück ganztägig.

83 [bh] **Col'Cacchio Pizzeria** €, Isaac's Corner, Victoria Rd., Tel. 4382171, www.colcacchio.co.za. Eine weitere sowohl vom Essen als auch vom Ambiente her coole „Kette". Auch hier ist der Laden in Camps Bay die beste Wahl, denn die Aussicht ist einfach grandios. Zwischen April und September entwirft jeden Monat ein anderer südafrikanischer Promikoch eine Pizza, die dann bei Col'Cacchio auf die Speisekarte kommt.

84 [C8] **Hudsons – The Burger Joint** €€, 69A Kloof St., Gardens, Tel. 4265974, www.theburgerjoint.co.za, geöffnet: Mo.–So. 12–23 Uhr. Burgerrestaurant im New-York-Stil. Hier wird das US-amerikanische Grundnahrungsmittel zelebriert, mit Sauerteig-Brötchen, knusprigen Pommes und absolut frischem, fast fettfreiem Hackfleisch. Wer kein Fleisch isst, freut sich über den vegetarischen Burger, dessen Gemüsebratling aus Linsen und Kichererbsen zubereitet wird. Experimentierfreudige Burgerfans bestellen „The Game", einen Straußen-Bratling mit Ziegenkäse, Cranberry-Gelee und frischem Rucola.

85 [E5] **Lunchworks** €, 22 Waterkant St., Tel. 072 3248868, www.lunchworks.co.za, geöffnet: Mo.–Fr. 7–17, Sa. 9–16 Uhr. Leckere Sandwiches, Salate und Wraps mit superfrischen Zutaten. **Tipp:** die süßen Chili-Nudeln, das Chili-con-Carne-Wrap und das delikate, cremige Risotto.

86 [bh] **Primi Piatti** €, 18–21 Brighton Court, Victoria Rd., Camps Bay, Tel. 4389149, www.primi-world.co.za. Es gibt etwa ein Dutzend Filialen in und um Kapstadt, wobei die an der Flaniermeile in Camps Bay die beste ist. Absolut coole „Restaurantkette" mit mediterranen Gerichten von Pizza über Pasta bis zu Hamburger. Immer prima Qualität und toller Service. Bei der industriell-trendigen Inneneinrichtung isst das Auge mit.

Frisch aufgebrüht

Im in einem historischen Haus in der Hudson Street untergebrachten **Origin Coffee Roasting** (s. S. 68) sind Dutzende verschiedener Bohnen und über 100 feinblättrige Tees im Angebot. Die Origin-Macher sind weltweit unterwegs, um die beste Qualität zu finden, mit Schwerpunkt auf afrikanischem Kaffee und Tee. Selbstverständlich wird vor Ort immer frisch geröstet, was zum Verwöhnaroma im Innern des Cafés beiträgt. Kaffee und Tee werden in getrennten Räumen zelebriert. Es gibt kleine Gerichte, vor allem die Bagels mit Lachs sind absolut lecker.

Dem gleichen Muster folgt **Truth Coffee** (s. S. 68), das von Origin-Mitbegründer David Donde geführt wird, der so etwas wie der „Mr. (Coffee) Bean" von Kapstadt ist. Truth Coffe bietet manchmal auch absolute Rari-

135kp Abb.: dl

täten wie die Sorte Blue Mountain, wo das Tässchen aufgrund der geringen zur Verfügung stehenden Menge um die 60 Rand kosten kann. Auch hier gibt es kleinere Gerichte und natürlich alles Wissenswerte über den richtigen Kaffeegenuss.

Es gibt in der Stadt noch einige weitere Alternativen für die kontrollierte Koffeinzufuhr, bei denen der kleine Schwarze ebenfalls mit perfekter Crema serviert wird: in einer der coolen, rotweißen Filialen von **Vida e Caffè** (siehe unten) und natürlich beim alteingesessenen Ur-Italiener **Giovanni's Deliworld** (s. S. 80) in Green Point.

Wer Espresso bestellt, bekommt sofort die Gegenfrage gestellt: „Single or double"? Dies bezieht sich nicht auf den jeweiligen Beziehungsstatus, sondern auf die Kaffeemenge bzw. -stärke. *Single* haut bei der hervorragenden lokalen Bohnenqualität meist genug rein.

- 87 [D5] **Origin Coffee Roasting,** 28 Hudson Street, De Waterkant, Tel. 4211000, www.originroasting.co.za, geöffnet: Mo.-Fr. 7-17 Uhr, Sa., So., feiertags 9-14 Uhr.
- 88 [F7] **Truth Coffee,** 36 Buitenkant St., www.truthcoffee.com, Mo.-Fr. 7-18, Sa., So. 8-14 Uhr. Das „Hauptquartier" der Rösterei Truth Coffee Roasting in einem alten Lagerhaus in der Buitenkant Street, eingerichtet im Steampunk-Stil. Nicht nur sind die Bedienungen hypercool, auch wurde das Truth Coffee schon mehrfach zum besten Kaffeeladen der Welt gekürt.
- 89 [bh] **Vida e Caffè,** Ecke Portswood und Somerset Rd., Green Point, Tel. 4347266, tägl. 7-17 Uhr. Mehrere Filialen in der Stadt, eine Liste findet sich unter http://vidaecaffe.com.

Kapstadt ist ein Dorado für Kaffeekenner

Smoker's Guide

In allen öffentlichen Gebäuden, einschließlich Flugplätzen, herrscht **absolutes Rauchverbot,** das streng überwacht wird. Die meisten **Restaurants** und **Hotels** sind nur für Nichtraucher, einige weisen spezielle Raucherzimmer bzw. -abteile auf. Wer rauchen möchte, muss sich aber meist die Zigarette draußen anzünden.

144k Abb.: ©Samuel Birkan, stock.adobe.com

Kapstadt am Abend

Bars und Pubs

Im Sommer spielt sich das Nachtleben vorwiegend in Kapstadts Straßen Long, Kloof und Bree Street, im De Waterkant Village, in der Lower Main Street des etwas abseits gelegenen Observatory, in der Harrington Street und natürlich an der V&A Waterfront 20 ab. Bei gutem Wetter verlagern sich die Aktivitäten dann naturgemäß nach draußen.

90 [E3] **Bascule Whisky, Wine & Cocktail Bar,** Cape Grace Hotel, West Quay Road, V & A Waterfront, Tel. 4107082, www.capegrace.com, geöffnet: tägl. ab 7.30 Uhr. Elegante Bar für einen exklusiven Absacker an der Waterfront. Großer Weinkeller und mit ca. 500 verschiedenen Sorten aus aller Welt eine riesige Whiskyauswahl. Die Preise reichen von finanziell tragbar bis astronomisch (um die 20.000 Rand pro Shot). Ein guter Platz, um bei einem Bier auf den Jachthafen zu gucken.

91 [E5] **Fireman's Arms,** 25–27 Mechau St., Ecke Buitengracht St., City, Tel. 4191513, www.firemansarms.co.za, geöffnet: Di.–Sa. 11–24, So. 12–20 Uhr. Absolut „un-trendiger" Platz. Einer der ältesten Pubs der Stadt und eigentlich ein Stückchen Geschichte, da sich hier über die Jahre nichts geändert hat. Es gibt einige Biere vom Fass und typischen *Pub Lunch* (z. B. Pies), aber auch erstaunlich gute Holzofenpizzas.

92 [D3] **Mitchell's Scottish Ale House,** Ecke East Pier und Dock Rd., V & A Waterfront, www.mitchellsalehouse.co.za, geöffnet: tägl. 10–2 Uhr. Mikrobrauerei mit naturbelassenen Bieren, dazu gibt es *Pub Lunch* in rustikalem Hafenkneipenambiente.

93 [E8] **Perseverence Tavern,** 83 Buitenkant St., Gardens, Tel. 4612440, Facebok: Perseverence Tavern, geöff-

City Lights: Kapstadts Waterfront 20 am Abend

134kp Abb.: dl

net: Mo.-Sa. 12-22 Uhr. Ein Urgestein in Kapstadt, von Einheimischen liebevoll Percies genannt. Ab 1808 konnten Reisende, die in der Tafelbucht von den anlegenden Schiffen kamen, hier nächtigen. Damals hieß die Straße noch Slave's Walk und war nicht weit vom Meer entfernt. Die Lizenz, um Alkohol zu verkaufen, erhielt man 1836. Dies ist der Platz für ein historisches Bier und Fish and Chips zu unschlagbar günstigen Preisen.

Jazzclubs

Südafrika ist die Heimat einer Reihe von exzellenten und international gefragten Jazzmusikern. Südafrikanischer Jazz (aber auch Kwaito, Hip-Hop oder Rap) klingt irgendwie anders, eigenwillig, südafrikanisch. Diese musikalische Eigenart entstand durch die langjährige Isolierung von westlichen Einflüssen. Jazz ist ein wichtiger Bestandteil der Kultur in Kapstadt, was sich in zahlreichen kleineren und größeren Festivals manifestiert. Darüber hinaus wird auch in vielen Bars, Clubs und Restaurants der Stadt regelmäßig Jazzmusik gespielt.

94 [C8] **Asoka,** 68 Kloof St., Gardens, Tel. 4220909, www.asoka.za.com, geöffnet: tägl. 17-2 Uhr. Die Innenausstattung des Asoka richtet sich nach Zen- und Feng-Shui-Prinzipien, was der Stimmung aber durchaus keinen Abbruch tut. Der Musikclub ist sehr beliebt, auch bei jüngerem Publikum. Leckere Cocktails und Tapas mit asiatischem Einschlag. Montags, mittwochs und donnerstags Loungemusik von lokalen DJs, dienstags exzellenter Hard Bop Jazz von der Band The Restless Nation.

Clubs und Discos

Die meisten Clubs und Diskotheken in Kapstadt sind auch in der Woche geöffnet, aber erst am Wochenende und dann so ab 22 Uhr geht dort so richtig die Post ab.

95 [F2] **Cabo Beach Club,** South Arm Rd., V& A Waterfront, Tel. 1375401, www.cabobeachclub.co.za, tägl. 11-2 Uhr, Küche 11-16 und 18-3 Uhr, rollstuhlfreundlich. Trendiger geht es nicht. Hier treffen sich coole Kapstäd-

Der älteste Pub der Stadt: Perseverence Tavern (s. S. 69)

MEIN TIPP

Bierisch gut

Kapstadt erinnert mich immer mehr an meine Geburts- und ehemalige Heimatstadt Würzburg. Auch dort war erst der Wein, dann kam das Bier. Und beide koexistieren sehr harmonisch nebeneinander.

Die Bierrevolution am weinseligen Kap unterstützt Ex-Hacker-König und iPhone-Starverkäufer Randolf Jorberg. Vor mehr als zehn Jahren hat er das **Beerhouse on Long** in der quirligen Long Street eröffnet. Es gibt 16 Biere von lokalen Brauereien vom Fass und 99 verschiedene Flaschenbiere aus aller Welt. Zum Beispiel das Potsdamer Bio-Weißbier in der klassischen 0,5-Liter-Bügelflasche. Die Bierkarte verrät neben dem Preis auch die Herkunft, Art und Geschmacksnoten der süffigen Hopfenprodukte, wie man es sonst von Weinkarten gewohnt ist. Herzhafte Gerichte sorgen für eine ordentliche Grundlage.

100 [D7] **Beerhouse on Long,** 223 Long St., Tel. 4243370, www.beerhouse.co.za/onlong, geöffnet: tägl. ab 11 Uhr bis spätabends

ter aller Hautfarben zum Lunch, Dinner, Cocktailtrinken und zum Relaxen im angekarrten Sand am durchsichtigen Pool. Regelmäßig gute Konzerte, siehe Website.

96 [dg] **Decodance Night Club,** 66 Albert Road, Woodstock, Tel. 073 7781911, www.decodance.co.za, geöffnet: Fr., Sa. 20–2 Uhr. Tolles Interieur mit riesigen Spiegeln, Laserlights usw.

97 [F7] **Surfa Rosa,** 61 Harrington St., East City, Tel. 4657285, www.the-assembly.co.za, geöffnet: Mi. u. Fr. 22–4, Sa. 20–4 Uhr, Eintrittsgeld variiert. Die renovierte ehemalige Möbelfabrik zieht ein junges Publikum an. Indie-Rock und Electro dominieren, aber selbst die Afropop-Sensationsbands Freshlyground und Goldfish traten hier schon live auf.

98 [E5] **The Village Idiot**, 32 Loop St., City, Tel. 4181548, www.thefirmct.co.za/the-village-idiot, geöffnet: Di.–Do. 15–2, Fr., Sa. 12–2 Uhr. Coole Musik, Super Spareribs und gemütliches Pubambiente. Was es mit dem Dorfdeppen auf sich hat, erfährt man in der Kneipe, er befindet sich ausgestopft hinter der Theke.

Konzerte

Touristen werden in Kapstadt ein aufregendes, multikulturelles Livemusikangebot vorfinden. Von traditioneller afrikanischer Musik bis Cape Jazz, von Indie Rock über Kwaito, Spaza Ra und Reggae bis zur Klassik. *Live music venues* in Kapstadt sind generell bis etwa 21.30 Uhr fast leer und beginnen erst dann, sich zu füllen.

99 [G5] **Artscape Theatre Centre,** David Poole St., Foreshore, Tel. 4109800, www.artscape.co.za. Hier finden große Opern, Musicals und Ballettaufführungen statt. Das moderne Opernhaus mit hervorragender Akustik und Beleuchtungsanlage fasst 1187 Zuschauer. Im 540 Sitzplätze fassenden Theater gibt es regelmäßig Jazz- und Hip-Hop-Konzerte, aber auch afrikanische Musik. Die Arena mit 140 Sitzen präsentiert Gedicht- und andere kleinere Vorführungen.

2 [E6] **City Hall,** Darling St., gegenüber der Grand Parade, City, Buchungen über Computicket, Dial-a-seat oder Tel. 4217695. Klassische Konzerte, einschließlich des renommierten Cape Philharmonic Orchestra. Audiophile werden verzückt der Norman-Beard-Orgel mit 3165 Pfeifen lauschen.

32 [ci] **Kirstenbosch Botanical Gardens.** Die wohl schönste Freiluft-Konzertanlage der Stadt liegt mitten im botani-

Tickets

Tickets für Veranstaltungen erhält man bei **Computicket** (Tel. 086 19158000, www.computicket.co.za), **Artscape Dial-a-Seat** (Tickets Tel. 4217695, Information 4217839) und **Webtickets** (www.webtickets.co.za). Computicket hat Ticketschalter in allen **Shoprite-** und **Checker-Supermärkten.** Dort kann direkt gebucht werden oder man lässt im Internet gebuchte Tickets ausdrucken.

schen Garten und vor der grandiosen Tafelbergkulisse.

101 Oude Libertas Amphitheatre, Oude Libertas Centre, Adam Tas Rd., Stellenbosch, Tel. 8097473, Facebook: Oude Libertas Amphitheatre. Bereits 1977 eröffnetes Amphitheater auf Oude Libertas, einem der ältesten Weingüter Südafrikas.

102 Spier Wine Estate, an der R310 Richtung Stellenbosch, Tel. 8091100, www.spier.co.za. Modernes Amphitheater auf dem Weingut kurz vor Stellenbosch.

7 [E6] **St. George's Cathedral.** Tickets über Computicket (s. oben) oder eine Stunde vor Vorstellungsbeginn an der Abendkasse. Die Hill-Orgel macht Messen und Choräle in der anglikanischen Kirche von 1848 zu einem echten Erlebnis. Vereinzelt auch Veranstaltungen, die etwas avantgardistischer sind.

Theater und Kino

› **Artscape Theatre Centre** (s. S. 71). Opernhaus mit 1187 Sitzplätzen, Theater mit 540 Sitzplätzen und intimere Arena mit noch mal 140 Plätzen.

103 Barnyard Theatre, Entrance 12, Tyger Valley Shopping Centre, Bellville, Tel. 9148898, www.barnyardtheatre.co.za, Shows Di.–Sa. 20 Uhr, So. 14 Uhr, Tickets ab 200 Rand, jeden Di. und So. beim Kauf eines Tickets ein zweites umsonst. Die „Theaterkette" mit Häusern im ganzen Land entstand 1996, als eine einst im Showbusiness aktive Familie die Scheune *(barnyard)* ihrer Aussteigerfarm zu einem Theater umbaute. Heute gibt es Filialen im ganzen Land. Das Programm reicht von Musical über Livebands bis Kabarett bzw. Stand-up-Comedy. Man kann sein eigenes Essen mitbringen.

104 [dh] **Baxter Theatre Complex,** Main Rd., Rondebosch, Tel. 6857880, www.baxter.co.za, Ticketschalter Mo.–Sa. 9 Uhr bis Start der Vorführung. Das 1970er-Jahre-Design dieses Theaters ist so furchtbar, dass es fast wieder als retro-cool bezeichnet werden kann. Die Qualität ist durchweg top, vom jährlichen Comedy-Festival bis zu nationalen und internationalen Theaterstücken.

105 [fg] **Grand Arena,** Grand West Casino and Entertainment World, 1 Vanguard Drive, Goodwood, Tel. 5057777, www.suninternational.com/grandwest. Mega-Veranstaltungs-Location in Kapstadts riesigem Grand West Casino, die 5000 Zuschauer fassen kann. Es spielen meist internationale Superstars wie John Legend oder die Counting Crows, aber es gibt auch lokale Stand-up Comedy, Musicals und Zirkus-Darbietungen.

106 [dm] **Kalk Bay Theatre,** 52 Main Rd., Tel. 073 2205430, www.kalkbaytheatre.co.za. Die kleine Kirche wurde 1876 erbaut und ihre gleißend weiße Fassade scheint immer noch ein bisschen heilig. Das gemütliche Innere hat allerdings nichts Sakrales mehr. Statt Holzstühlen gibt es nun 78 bequeme rote Sitze, die sich um eine polierte Holzbühne gruppieren. Die Galerie wurde zu einem Bar-Café, wo Drinks und leichte Gerichte wie Mini-Pilzburger, orientalische Frühlingsrollen mit Ente und süß-saurer Strauß

serviert werden. Ein beliebter Platz für ernsthafte Theaterliebhaber und für die kleinen Topproduktionen des Landes.

107 [dh] **Obz Café,** 115 Lower Main Rd., Observatory, Facebook: Obz Cafe, Tel. 4485555, geöffnet: tägl. ab 20.30 Uhr. Das Minitheater mit Kreuzberg-Ambiente ist Teil eines sehr populären Restaurants im leicht heruntergekommenen Observatory (Obz). Hier spielen lokale Musiker und Stand-up Comedians, ab und zu wird ein kleines Theaterstück gegeben.

108 [F7] **Star Theatre,** Ecke Caledon St. & Lower Buitenkant St., Tel. 4614554, www.homecomingcentre.co.za/starthe atre, geöffnet: Mo.–Sa. 19–22 Uhr. Mitten im ehemaligen Stadtviertel District Six befindliches Weltklasse-Theater mit Räumen für 280 bzw. 150 Zuschauer, untergebracht in einer alten Kirche. Es gibt außerdem ein *Bioscope,* ein aus dem Niederländischen stammender Begriff für Kino.

109 [C8] **The Labia on Orange,** 68 Orange St., Gardens, Tel. 4245927, www.labia.co.za, Ticketschalter tägl. 11–20.30 Uhr, Tickets 25 Rand, Schüler/Studenten 20 Rand. Die italienische Gräfin Labia eröffnete dieses Theater 1949 für die Öffentlichkeit. Heute ist das Labia *das* Lichtspieltheater für Cineasten. Hier laufen Arthousefilme und Klassiker in einem Kino wie aus einem alten Hollywoodstreifen. Die Labia-Movie-Deals sind unschlagbar günstig und sehr populär. Zwischen 70 und 100 Rand kosten zwei Kinotickets und zwei Dinner in einem lokalen Restaurant!

110 [bh] **Theatre on the Bay,** 1a Link St., Camps Bay, www.theatreonthebay.co.za, Tel. 4383300. Das kleine, intime Theater fällt mit seinem gigantischen Betonvorhang über dem Eingang auf. Der Platz für Drama und Comedy, aber auch internationale Produktionen.

Thandiswa Mazwai (s. S. 77) mit Begleitposaunist bei einem Konzert

Kapstadt zum Stöbern und Shoppen

Kapstadt hat eine Fülle attraktiver Einkaufszentren, allen voran die Victoria & Alfred Waterfront (20), aufzuweisen, wo glitzernde Nobelläden wie Gucci, Hugo Boss, Louis Vitton und Jimmy Choo auf Kundschaft warten. Aber auch weniger bekannte lokale Designer haben hier kleine Shops. Der Charme der Einkaufscity Kapstadt liegt auch in den unabhängigen Läden und den Märkten. Shops, die man nicht so einfach findet und die deshalb im Folgenden neben den klassischen Malls gelistet sind.

Die älteste Straße Kapstadts, die Long Street (15), bietet eine große Anzahl interessanter Läden, in denen es sich stundenlang stöbern lässt. Und wer dort nichts gefunden hat, probiert es in der Verlängerung der Long Street, der **Kloof Street** [C7/8]. Sie gilt als die „Fressmeile" der City, bietet aber auch einige Dekor- und coole Modeläden. Am kopfsteingepflasterten **Greenmarket Square** (5) gibt es sowohl Ramsch als auch interessantes, lokal hergestelltes Kunsthandwerk. Viele Geschäfte finden sich auch im Viertel **De Waterkant** .

Die Stände auf Kapstadts Straßenmärkten quellen über von lokal hergestelltem Kunsthandwerk und Souvenirs

Shoppingmalls

Shoppingmalls sind über ganz Kapstadt und Umgebung verteilt und locken mit Cafés, Restaurants, Boutiquen und Galerien zum Verweilen. Zusätzlich beherbergen sie spezielle Geschäfte oder Freizeitangebote, die die jeweiligen Zentren einzigartig und unverwechselbar machen. Abweichend von den angegebenen Uhrzeiten öffnen die Lebensmittelmärkte der Einkaufszentren bereits gegen 8.30 Uhr ihre Türen.

111 **Canal Walk,** Century Boulevard, Century City, Milnerton, Tel. 5299699, www.canalwalk.co.za, geöffnet: tägl. 9–21 Uhr. Eines der größten Einkaufszentren Afrikas, an der N1, neben Ratanga Junction, gelegen. Die Einrichtung mit Marmor, Deckenmalereien

und glitzerndem Metall erinnert an neobarocke Casinohotels. Viel Unterhaltung für Kinder, damit die Großen in Ruhe einkaufen können.

112 [D4] **Cape Quarter Lifestyle Village,** 72 Waterkant St. /27 Somerset Rd., De Waterkant, Tel. 4215299699, www.capequarter.co.za, geöffnet: Mo.–Fr. 9–18, Sa. 9–16, So. 10–14 Uhr. Nach jahrelanger Renovierung entstand hier in einem kompletten Häuserblock, von dem nur die historische Frontfassade erhalten blieb, ein sehr schickes Shoppingzentrum mit erlesenen Geschäften. 900 Parkplätze in der Tiefgarage. Die ersten 40 Minuten sind kostenlos.

113 [di] **Cavendish Square,** 1 Dreyer St., Claremont, Tel. 6575620, www.cavendish.co.za, geöffnet: Mo.–Sa. 9–19 Uhr, So. 10–17 Uhr. Hier kaufen die wohlhabenderen Kapstädter aus den südlichen Stadtvierteln ein. Es gibt eine Fülle guter Läden und Boutiquen sowie diverse Restaurants und zwei Kinokomplexe.

114 [dj] **Constantia Village,** Main Rd., Constantia, www.constantiavillage.co.za, Tel. 7945065, geöffnet: Mo.–Fr. 9–18 Uhr, Sa. 9–17 Uhr, So. 9–14 Uhr. In Constantia ist das „alte" Geld zu Hause, aber auch neureiche „Schickimickis". Beide Bevölkerungsgruppen leben in den parkähnlichen Anwesen, kaufen im „Village" ein und trinken hier ihren Cappuccino. Interessant zum Gucken.

115 [D8] **Gardens Shopping Centre,** Mill Street, Gardens, www.gardensshoppingcentre.co.za, Tel. 4651842, geöffnet: Mo.–Fr. 9–19 Uhr, Sa. 9–17 Uhr, So. 9–14 Uhr. „Wallfahrtsort" für die in Kapstadt lebenden Deutschen, vor allem natürlich wegen dem Metzger „Hartlief Deli", bei dem es das beste Fleisch und die leckersten Würste der Stadt gibt. Der Platz für jene, die unter kulinarischen Entzugserscheinungen leiden.

116 [E2] **Victoria Wharf,** V & A Waterfront, www.waterfront.co.za, geöffnet: tägl. 9–21 Uhr. Die glamuröseste Mall der Stadt, im Zentrum der Victoria & Alfred Waterfront gelegen. Hier gibt es zahlreiche Restaurants, viele mit Tischen im Freien. Dadurch, dass die Preise nicht über denen anderer Malls liegen, werden die Geschäfte der Waterfront auch von Kapstädtern regelmäßig zum Einkaufsbummel genutzt.

117 [E8] **Wembley Square,** Solan St., Gardens, www.wembleysquare.co.za, Tel. 8155700, geöffnet: Mo.–Fr. 9–17, Sa. 9–16.30, So. 9–13 Uhr. Interessante Mischung aus Shops und Restaurants. Paradebeispiel dafür, wie sich eine vorher völlig heruntergekommene Gegend verändern kann. *Urban renewal,* städtische Erneuerung, heißt das hier.

118 **Willowbridge Lifestyle Centre,** 39 Carl Cronje Drive, Tyger Valley, Tel. 9147218, www.willowbridge.co.za,

Shoppingareale

Die wichtigsten Shoppingbereiche der Stadt sind im Kartenmaterial mit einer bläulichen Fläche markiert.

MEIN TIPP

Schnäppchen-Mall

Der Access Park ist ein Fabrikverkauf aller Markenläden der Stadt, von Cape Union Mart bis Levis, von Puma bis Adidas, einschließlich „Platin"-Modeboutiquen wie Aca Joe, Hilton Weiner und Jenni Button – mit teilweise erstaunlich niedrigen Preisen. Etwas schwierig zu finden, am besten den Anfahrtsplan auf der Website verwenden. Achtung: Am Wochenende ist hier die Hölle los.

119 [ei] **Access Park,** 81 Chichester Rd., Kenilworth, Tel. 6835885, https://accessparkkenilworth.co.za, geöffnet: Mo.–Fr. 9–17 Uhr, Sa. 9–15 Uhr, So. 10–14 Uhr

146kp Abb.: ©SEBASTIEN LECOCQ, stock.adobe.com

geöffnet: Mo.-Fr. 9-18, Sa. 9-17, So. 9-16 Uhr. Etwas außerhalb gelegene lebendige Mall, wo die Geschäfte um einen Innenhof herum angelegt sind.

Kunsthandwerk und Township Art

120 [E6] **African Image,** 52 Burg St., Tel. 4238385, www.african-image.co.za, Mo.-Fr. 9-17 Uhr, Sa. 9-15 Uhr. Gute Auswahl an afrikanischem Kunsthandwerk. Empfehlung: die handgemalten Frisörschilder aus Ghana und die witzigen Autos und Flugzeuge aus Blechdosen-Abfällen, die in den Townships hergestellt werden.

121 [D5] **Africa Nova,** The Watershed, 17 Dock Rd., Victoria & Alfred Waterfront, Tel. 4255123, geöffnet: Sommer: Mo.-Fr. 9-17, Sa. 10-17, So. 10-17, Winter: Mo.-Fr. 10-17, Sa. 10-15 Uhr. Geschmackvolles und hochwertiges afrikanisches Kunsthandwerk von handgemachten, bedruckten Textilien über Keramiken bis zu Teelichthaltern aus recyceltem Papier.

Made in South Africa: lokal produzierte Kaffeetassen mit einheimischen Tiermotiven

122 [dg] **Streetwires,** 354 Albert Rd., Woodstock, Tel. 4262475, www.streetwires.co.za, Mo.-Fr. 8-17 Uhr, Sa. 9-13 Uhr. Hier werden einst arbeitslose Menschen mit Material und Anleitung dabei unterstützt, Perlen- und Drahtskulpturen anzufertigen. Der farbenfrohe Streetwires-Shop ist ideal, um sich diese Werke in Ruhe anzusehen. Und wer hier kauft, weiß genau, wo sein Geld hingeht.

Kunst- und Schmuckgalerien

Kapstadt ist das Mekka für lokale Designer, die sowohl Schmuck als auch Einrichtungsgegenstände entwerfen und in vielen Geschäften verkaufen. Zahlreiche Läden bieten Werke und Produkte lokaler Künstler an – und versenden diese problemlos und sicher weltweit.

› **Carrol Boyes,** Shop 6180, Lower Level, Victoria Wharf (s. S. 75), Tel. 4180595, www.carrolboyes.com, geöffnet: tägl. 9-21 Uhr. Die Haushaltswaren in Weißmetall der südafrikanischen Künstlerin Carrol Boyes gehören zu den edelsten Souvenirs, die man im Land erwerben kann. Ihr Stil ist sofort an den drallen, weiblichen Formen, Figuren und Motiven erkennbar, die sich auf allem finden, was sie herstellt, vom Eiskübel bis zum Brieföffner. In ihrem Laden finden sich außerdem Keramiken ihrer Lebenspartnerin, der renommierten Töpferin Barbara Jackson, sowie ausgesuchte Perlenarbeiten von Monkeybiz (www.monkeybiz.co.za).

123 [C8] **LIM,** 86A Kloof St., City, Tel. 4231200, www.lim.co.za, geöffnet: Mo.-Fr. 9-17 Uhr, Sa. 9.15-13 Uhr. Wer den Inbegriff des zen-minimalistischen Kapstadt-Stils erleben möchte, ist bei LIM an der richtigen Adresse. Pauline Mutlows Stilrefugium offeriert Keramiken in natur-inspirierten Farben, selbst entworfenen Holzschalen und Möbel sowie Tisch- und Haushaltsgegenstände.

124 [D4] **Nap,** 27 Somerset Rd., Tel. 4216482, www.napliving.co.za, geöffnet: Mo.-Sa. 9-18 Uhr, So. 9-13 Uhr (nur im Sommer). Das Mutter-Tochter-Team Carina und Tamryn Thomson ist die kreative Kraft hinter dem wunderbaren Lifestyleshop Nap. Bei Nap gibt es alles, um einen perfekten Tisch zu dekorieren, von Kerzen in herrlichen Duftnoten bis zu Lampen, Lichtern und größeren Einrichtungsgegenständen.

125 [dg] **The Palms Lifestyle Centre,** 145 Sir Lowry Road, Woodstock, Tel. 4620394, www.palms.co.za, geöffnet: Mo.-Fr. 9-17 Uhr, Sa. 9-13.30 Uhr, So. 9-13 Uhr. Wer erfahren möchte, wie es in den Häusern stilbewusster Kapstädter aussieht, für den lohnt sich ein Gang durch Palms.

Musik und Film

Südafrika hat in den letzten Jahrzehnten eine Fülle an hervorragenden und weltweit populären Bands hervorgebracht. Die Gruppe **Freshlyground** mit Leadsängerin Zolani schaffte den internationalen Durchbruch, nachdem sie zusammen mit Shakira den offiziellen Fußball-WM-Song „Wacka, Wacka" aufgenommen hatte. Ebenfalls global erfolgreich ist die Indie-Rockband **The Parlotones.** Andere sehr erfolgreiche Gruppen sind: **Just Jinjer, Watershed, Goldfish, Flash Republic** und die schrägen Vögel von **Die Antwoord.** Seit mehr als 25 Jahren im Geschäft sind **Mango Groove** mit der charismatischen Leadsängerin **Claire Johnston.** Die bekanntesten südafrikanischen Solisten sind **Jesse Clegg (Sohn des verstorbenen Johnny Clegg), Thandiswa Mazwai, Sonti Mndebele,** die in die Fußstapfen der verstorbenen **Miriam Makeba** getreten ist, **Camagwini, Louise Carver** und **Danny K.**

Wann immer diese Musiker in Kapstadt auftreten, lohnt sich der Ticketkauf (www.computicket.com), v.a. zu einem der sommerlichen Freiluftkonzerte. Vorab kann man sich schon zu Hause musikalisch auf Südafrika einstimmen oder sich nach dem Urlaub beim Hören der Musik an seinen Aufenthalt erinnern. Musik des gesamten afrikanischen Kontinents gibt es neben guter Beratung und der Möglichkeit zum Probehören hier:

126 [D7] **Mabu Vinyl,** 285 Long St., Gardens, Tel. 4237635, www.mabuvinyl.co.za, geöffnet: Mo.-Fr. 9-19, Sa. 9-18, So. 11-15 Uhr. An- und Verkauf von Secondhand-Vinyl, -CDs, -Kassetten und -DVDs - ein Platz zum Stöbern mit lange vergessen Geglaubtem.

Diamanten und Gold

Sowohl Gold als auch Diamanten werden in Südafrika in recht großen Mengen abgebaut beziehungsweise gefördert. Sie werden jedoch nicht nur als Rohstoffe exportiert, sondern auch im Land zu wunderbaren Schmuckstücken verarbeitet - ein etwas exklusiveres Mitbringsel vom Kapstadt-Trip.

127 [D6] **Jewel Africa,** 170 Buitengracht St., City, Tel. 4245141, www.jewelafrica.com, Mo.-Fr. 9-19, Sa. 9-17, So. 16-19 Uhr, kostenlose 15- bis 20-minütige Touren. Besucher können zwischen einer Diamanten-, einer Tansanit- oder einer Goldtour wählen und haben dann die Möglichkeit, Goldschmiede und Diamantenschleifer bei der Arbeit zu beobachten. Sie können „ihr eigenes" Gold in Formen gießen - und die Stücke im Anschluss selbstverständlich käuflich erwerben. Kostenlose Transfers von jedem Hotel der Stadt.

128 [F4] **The Diamond Works,** Walter Sisulu Ave., Foreshore, Tel. 4251970,

www.thediamondworks.co.za, geöffnet: tägl. 9–17 Uhr. Die kostenlose Tour dauert zwanzig Minuten und Besucher erhalten zu Beginn stilecht ein Gläschen Sekt, bevor sie durch die Diamantenschneide- und Goldschmiederäume geführt werden. Man kann einen schönen Stein wählen, sich mit einem Designer hinsetzen und das gute Stück kurz skizzieren lassen. Bei Gefallen ist die Arbeit in 24 Stunden fertig. Kostenlose Transfers von jedem Hotel der Stadt.

Antiquitäten und Trödel

Kapstadt ist bekannt für seine Trödelläden. Es gibt natürlich auch „echte" Antiquitätenläden in der Stadt, aber die Krimskramsshops mit Flohmarktambiente sind zum Stöbern erheblich reizvoller und relaxter. Weitere spannende Geschäfte findet der Besucher in der zweitältesten Straße Kapstadts, der **Long Street**, und ihren Seitenstraßen.

MEIN TIPP

Motor Lifestyle mit Kaffeepause

Kapstädter lieben Motorisiertes und Kaffee gleichermaßen. Einige Lokalitäten in der City bieten beides zur gleichen Zeit.

129 [E8] **Crossley & Webb,** 15 Solan Rd., Gardens, www.crossley-webb.com, geöffnet: Mo.–Fr. 8–18, Sa. 9–14 Uhr. Das Motoring Lifestyle Centre ist in einem renovierten Lagerhaus untergebracht. Crossley & Webb verkaufen nicht nur exklusive Investment-Autos und Oldtimer, man kann dort auch den exzellenten Truth-Kaffee frisch aus der Espresso-Maschine genießen, während man die automobilen Preziosen bewundert.

130 [E6] **House of Machines,** 84 Shortmarket St., www.thehouseofmachines.com, Tel. 4261400, geöffnet: Mo. bis 16 Uhr, sonst bis spätabends. Hier werden vormals schlichte Bikes zu einzigartigen Kunstwerken umgebaut. Außerdem gibt es Kaffee, Saft, leckere Gerichte, Craftbier und Klamotten.

131 [D6] **Laude Classic Cars,** 120 Buitengracht St., www.laudeclassics.com, Tel. 0107113, 061 2325967, geöffnet: Mo.–Fr. 9–17, Sa. 9–13 Uhr. Erlesene Auswahl an Oldtimern und Klassikern, geschmackvoll präsentiert in einem wunderbar mit Petroliana dekorierten Showroom.

132 Stoos Customs, 41 Stella Park, 57 Stella Road, Montague Gardens, Tel. 083 2682230, www.stooscustoms.com, geöffnet: Mo.–Fr. 8–18 Uhr. Ein Bike-Custom-Shop von Weltklasseformat. Nach dem Motto „brutal simplicity" entstehen hier einzigartige Motorradumbauten. Der Laden liegt etwas außerhalb von Kapstadt in einem Industriegebiet, aber Zweirad-Fans schauen trotzdem vorbei. Es gibt auch den Oil & Grind Coffee Shop, in Kooperation mit Biker-Bäcker Jason von der gleichnamigen Kult-Bäckerei in Green Point – also richtig gut.

123kp Abb.: dl

133 [E6] **Church Street Antique Market,** Church St., City, geöffnet: Mo.–Sa. 9–16 Uhr, keine Kartenzahlung. Wetterabhängiger Straßen-Antikmarkt im historischen Kern Kapstadts. Verschiedene Händler haben hier ihre Stände und verkaufen eine Fülle an Krimskrams, von Modeschmuck bis zu alten Büchern und Klamotten, von Spielzeug bis Glas und Porzellan. Hier darf auch mal gehandelt werden.

› **Plush Basar,** Old Biscuit Mill (s. S. 81), Unit A103, Tel. 4476495, geöffnet: Mo.–Fr. 9–16.30, Sa. 10–16 Uhr. Der Besitzer steht auf Französisches und verkauft neben Silber und abgenutzten Holz-Hackbrettern immer wieder Einzelstücke aus seinen vielen geheimen Quellen. Ideal für Fans alter Küchengegenstände.

134 [D6] **The Long Street Antique Arcade,** 127 Long St., City, Tel. 4233585, Mo.–Fr. 9–16.30, Sa. 9–14 Uhr. Ein Paradies für Trödelfans. In dieser Passage gibt es einige kleine Läden, die von den Besitzern meist selbst geführt werden. Sie wissen häufig die Hintergrundgeschichten zu den angebotenen Stücken, was diese noch interessanter macht. Es gibt praktisch alles von Silber, Geschirr und Schmuck über Orden, Bücher, Landkarten, Militaria, alte Apotheken-, Krankenhaus- und Küchengegenstände bis zu Automodellen und Spielzeug.

Bücher, Zeitungen und Zeitschriften

135 [D6] **Clarke's Bookshop,** 199 Long St., City, www.clarkes.co.za, Tel. 4235739, geöffnet: Mo.–Fr. 9–17, Sa. 9.30–13 Uhr. Die Buchhandlung von Henrietta Dax ist legendär, denn ihre Regale sind vollgestopft mit Raritäten, Schwerpunkt Afrikana.

136 [E2] **Exclusive Books,** Shop 6160, Lower Level, Victoria Wharf (s. S. 75), Tel. 4190905, www.exclusivebooks.com, geöffnet: Mo.–Do. 9–22.30, Fr., Sa. 9–23, So. 9–21 Uhr. Filialen dieser reichhaltig bestückten Kette findet sich am Flughafen und in jeder Shoppingmall. Praktisch alle Shops haben einen angeliederten Coffeeshop.

137 [dm] **Quagga Rare Art & Books,** 84 Main Rd., Kalk Bay, Tel. 7882752, www.quaggabooks.co.za, geöffnet: Mo.–Sa. 9.30–17, So. 10–17 Uhr. Authentische antiquarische Buchhandlung mit alten Karten und Drucken neben reichlich Afrikana. Ein Traum für Sammler.

138 [D8] **Wordsworth,** Shop 7103, Lower Level, Victoria Wharf, Tel. 4256880, www.wordsworth.co.za, geöffnet: Mo.–Sa. 9–22, So. 10–21.30 Uhr. Etwas kleiner und vielleicht etwas freundlicher und charmanter als Exclusive Books. Sehr gute Beratung, große Auswahl, viel Reiseliteratur und Karten.

Lokale Spezialitäten und Wein

Südafrika ist berühmt für seine **exzellenten Weine.** Viele Shops und Weingüter bieten einen **Versandservice** nach Europa an oder sie haben Agenten in Europa, die die Tropfen frei Haus liefern (s. Info S. 80), und auch der leckere Amarula-Likör ist mittlerweile fast überall in Deutschland erhältlich.

Was als kulinarisches Mitbringsel für zu Hause allerdings in Betracht gezogen werden sollte, ist vakuumverpackter **Biltong** (s. S. 58), das für Südafrika typische getrocknete Wildfleisch. Leckereien und Spezialitäten für das obligatorische Kap-Picknick im Freien kauft man vor Ort in den sogenannten *delis* ein, so etwas wie die Bentleys unter den Lebensmittelläden.

139 [D6] **Atlas Trading Company,** 104 Wale St, https://atlastradingonline.

MEIN TIPP

Kult-Konditorei in Kapstadt

Charly's Bakery fertigt die **verrücktesten Kuchen der Stadt.** Aber die auf Wunsch in Auto-, Tafelberg- oder jeder anderen Form gebackenen Kunstwerke sind nicht nur bunt und sehen gut aus, sie schmecken auch gut. Das liegt am Original-Sachertortenteig, der hier verwendet wird. Der mittlerweile verstorbene Charly hat seine Konditorlehre bei einem deutschen Bäcker im namibischen Swakopmund gemacht. Heute führen seine drei Töchter den Laden. Die gut 40 Angestellten kommen meist ohne Ausbildung aus den Townships und werden im Laden angelernt. „Regenbogen-Konditorei" nennen das die Besitzerinnen. Neben Kuchen gibt es auch Quiches und Pies. Dadurch, dass die Bäckerei ihre eigene Fernsehshow hat, ist hier immer viel los. Allein das bunt bemalte, historische Haus ist schon eine Sehenswürdigkeit für sich.

143 [F7] **Charly's Bakery** €, 38 Canterbury Rd., Tel. 4615181, www.charlysbakery.co.za, geöffnet: Di.–Fr. 8–17 Uhr, Sa. 8.30–14 Uhr

com, geöffnet: Mo.–Do. 8.15–17.15, Fr. 8.15–12, 14–17.15 Uhr. Gewürze, Kräuter, Öl, Pasta, Reis u. v. m.

140 [E5] **Food Lover's Market,** Icon Building, Ecke Loop und Hans Strijdom Ave., City, Tel. 4252814, www.foodloversmarket.co.za, geöffnet: Mo.–Fr. 7–18.30, Sa. 9–15 Uhr. Eine große Auswahl an immer frischen Picknickzutaten – von Salat über Käse bis zu Fleisch und Wurst.

141 [C3] **Giovanni's Deliworld,** 103 Main Rd., Green Point, Tel. 4346893, www.giovannisdeliworld.co.za, geöffnet: tägl. 7.30–21 Uhr. Eine Institution für alles, was italienisch ist in Kapstadt, und Vorreiter der Espressokultur in der Mother City. Zu Beginn der 1990er-Jahre war Giovanni's der einzige Platz der Stadt, wo echter Espresso serviert wurde. Der kleine Schwarze ist heute noch *molto bene* und der Rest der italienischen und lokalen Spezialitäten natürlich auch.

142 [D6] **Rose Corner Superette,** 100 Wale St., www.facebook.com/rosecornersuperette, geöffnet: tägl. 6–23 Uhr. Supermarkt und Takeaway in Bo-Kaap.

Einkaufen für Selbstversorger

Wer eine der Selbstversorgerunterkünfte *(self catering apartments)* gebucht hat, muss in Kapstadt nicht hungern. **Woolworths** (www.woolworths.co.za) und **Food Lover's Market** (www.foodloversmarket.co.za) haben in Südafrika das beste Lebensmittelangebot. Ebenfalls gut ist die Supermarktkette **Pick n Pay** (www.picknpay.co.za). Bei **Super-Spar** (www.spar.co.za) gibt es weniger Frischeprodukte, aber größere Auswahl an Markenprodukten. Auf allen vier Supermarkt-Websites findet sich eine Liste der jeweiligen Filialen *(shop locator)*.

Südafrika-Wein zu Hause

Der Weintransport im Flieger, vor allem in größeren Mengen, gestaltet sich oft kompliziert. Zum Glück gibt es den Weinkenner Gerd Rindchen beim Online-Weinhändler Vipino, der regelmäßig mit seiner Frau Christine in Südafrika unterwegs ist, um neue Winzer und deren Tröpfchen zu scouten. Diese importiert er dann direkt. Fragen Sie einfach den Wein an, der Ihnen im Land am besten geschmeckt hat. Wenn ihn einer kennt, ist es Gerd.

› www.vipino.de

Hausgemachtes gibt es auf Kapstadts Märkten wie dem Neighbourgoods Market in der Old Biscuit Mill

Märkte

Vor allem am Wochenende gibt es in Kapstadt Märkte, auf denen von Essen über Kunsthandwerk bis Antiquitäten alles feilgeboten wird, was das Herz begehrt. Flohmärkte eignen sich besonders für Wühlmäuse auf der Suche nach etwas Ausgefallenem.

144 [dj] **Earth Fair Food Market,** Corner St Joans Road & Timour Hall Road, Constantia, Tel. 067 1081530 (nur WhatsApp), www.earthfairmarket.co.za, geöffnet: Mi. 16–21, Sa. 10–15 Uhr, keine Kartenzahlung. Bio-Lebensmittelmarkt im Timour Hall Villa Estate. Es gibt Fleisch aus Freilandhaltung, fangfrischen Fisch, Biofrüchte und -gemüse, lokal produzierte Käsesorten und Selbstgebackenes. An den rustikalen Tischen kann man ein Bierchen oder ein Glas Wein trinken, während die Kinder auf Heuballen sitzen und sich die Gesichter bemalen lassen *(face painting)*.

145 [dg] **Milnerton Fleamarket,** Otto du Plessis Drive, Milnerton, Tel. 5517879, Facebook: Milnerton Market, geöffnet: Sa., So., Fe. 7–15 Uhr. Wer auf diesem Flohmarkt etwas Gutes ergattern möchte, muss früh aufstehen. Kapstadts Antiquitäten- und Trödelhändler finden sich hier sehr früh ein, um günstig Ausgefallenes zu erstehen und es dann – nicht ganz so günstig – in ihren Shops zu verkaufen. Interessanter als das Angebot sind aber sowieso die Menschen. Hier findet man eine andere Art von Kapstädtern, jenseits der Cappuccinokultur.

146 [dg] **Old Biscuit Mill,** Woodstock, 373–375 Albert Rd., Tel. 4481438, www.theoldbiscuitmill.co.za, www.neighbourgoodsmarket.co.za, geöffnet: Sa. 9–14 Uhr. In Kapstadts **Albert Road** begann das Revival des einst heruntergekommenen Stadtteils **Woodstock.** Vorreiter waren die Macher des Grand Daddy Hotel (s. S. 123). Sie restaurierten die alte Keksfabrik, wo es nun viele interessante Geschäfte gibt. Highlight ist der **Neighbourgoods Market**, wenn Essensstände Hausgemachtes feilbieten. Das Angebot reicht von frischen Fruchtsäften bis zu Flammkuchen, von erstklassigem Kaffee bis zu einer riesigen Kuchen- und Brotauswahl.

MEIN TIPP

Bay Harbour Market – Hout Bay

Im Hafen- und Fischerort Hout Bay gibt es den Bay Harbour Market, einer von vielen Wochenendmärkten am Kap. Hunderte von Besuchern kommen, um zu essen, zu trinken, zu shoppen und Livemusik zu hören. Es gibt Dutzende von Essenständen mit Leckereien von Steaks bis zu japanischen Lachs-Wraps, von Bier aus Mikro-Brauereien bis zu fantastischem Kaffee. Auch an Klamotten- und Souvenirständen ist Massenware verpönt, die „Macher" des Marktes wählen die Anbieter sorgfältig aus. Untergebracht ist der Markt in einer riesigen, alten Lagerhalle mit industriell-rustikalem Dekor.

147 [bk] **Bay Harbour Market,** 31 Harbour Rd., Tel. 082 5705997, www.bayharbour.co.za, geöffnet: Fr. 17–21, Sa., So. 9.30–16 Uhr

052kp Abb.: dl

147kp Abb.: ©arkadijschell, stock.adobe.com

Kapstadt zum Durchatmen

Kapstadt ist eine der entspanntesten Großstädte der Welt. Wem beim Sightseeing allerdings der Verkehr, vor allem die immer drängelnden Minibustaxis auf die Nerven gehen, findet Ruhe in den **Company's Gardens** ⓫. Wo einst Kraut und Rüben gediehen, um einlaufende holländische Schiffe mit Frischkost zu versorgen, findet sich heute ein wunderschöner, ruhiger Park, wo Vögel zwitschern und Eichhörnchen in den Bäumen herumklettern. Ausdauernde laufen zum Gipfel des **Lion's Head** ㉘ und ruhen sich dort aus. Wem das zu anstrengend ist, der picknickt zur Sundowner-Zeit am **Signal Hill** ㉘ mit toller Aussicht auf Stadt, Tafelbucht, Tafelberg, Robben Island, die Waterfront und natürlich das Cape Town Stadium. Beim **Tafelberg** ㉛ gibt es eine anstrengende und eine bequeme Art hochzugelangen: zu Fuß oder per Seilbahn. Oben, speziell ein Stückchen von der Bergstation entfernt, wartet ruhige Natur. Letztere findet sich ebenfalls am Fuße des Tafelbergs in den wunderbaren **Kirstenbosch Botanical Gardens** ㉜. Das riesige Areal wurde 1913 als botanischer Garten etabliert. Es ist ein Muss für Pflanzen- und Picknickfreunde. Insgesamt sind 583 Hektar einheimische Fynbos-Vegetation (s. S. 13) zu sehen, davon sind 36 Hektar kultiviert, der Rest ist wild. Der Garten geht nahtlos in den Table Mountain National Park über und durch die Skeleton Gorge (Skelettschlucht) lässt sich der Tafelberg von Kirstenbosch aus besteigen. Eines der vielen Highlights ist der *fragrance garden,* wo Besucher aromatische Pflanzen berühren und riechen können. Der medizinische Garten stellt Pflanzen mit Heilwirkung vor. Das Beste an Kirstenbosch sind jedoch die sommerlichen Freiluftkonzerte mit trendigen lokalen Bands, aber auch Auftritten internationaler Stars.

Der Centenary **Tree Canopy Walk,** auch Boomslang („Baumschlange") genannt, wurde zum 100. Geburtstag von Kirstenbosch für etwa 5 Mio. Rand gebaut und 2014 eröffnet. Die 130 m lange Stahl- und Holzkonstruktion befindet sich meist hoch oben in den Baumwipfeln. Die Aussicht auf die umliegenden Berge, den Botanischen Garten und die Cape Flats ist grandios. Der **Skyway** verschwindet praktisch in den Bäumen und hat kaum spürbare Effekte auf die Umwelt. Er ist auch für Rollstuhlfahrer offen und kostet keinen Extra-Eintritt.

Mein Tipp

Long Street Baths

Die Long Street Baths an der Ecke zur Orange St. sind seit ihrer Eröffnung 1908 eine Institution in der Stadt. Der Komplex beinhaltet einen geheizten Pool, Dampf- und Trockenräume und einen Massagebereich. Günstiger gibt es Wellness in ganz Kapstadt nicht.

S148 [D7] **Long Street Baths,** Ecke Long/Orange St., City, Tel. 4003302, geöffnet: Pool tägl. 7–19 Uhr, türkisches Bad für Frauen Mo., Do., Sa. 9–18, Männer Di. 13–19, Mi., Fr. 8–19, So. 8–12 Uhr, Eintritt: türkisches Bad Erw. 80 Rand, Erw./Kinder 40/20 Rand pro Stunde im Pool, Rentner freier Eintritt

Zur richtigen Zeit am richtigen Ort

In Kapstadt ist immer etwas los. Viele Veranstaltungen, insbesondere natürlich im Sommer, also wenn auf der Nordhalbkugel tiefster Winter herrscht, finden in der freien Natur oder auf einem der Weingüter statt. Einige der Festivals sind mittlerweile weltberühmt und locken jedes Jahr zahlreiche Besucher an. Besonders empfehlenswert sind die Sommerkonzerte in den Kirstenbosch Botanical Gardens 32.

Januar, Februar, März

- **Cape Town Minstrel Carnival (Coon Carnival).** Das für Kapstadt typische Festival findet jedes Jahr am 2. Januar statt. Die Stadtbevölkerung feiert dann den freien Tag der einstigen Sklaven, der vor Hunderten von Jahren eingeführt wurde. Dazu wird in bunten, selbst gemachten Satinkostümen durch die Straßen getanzt, gesungen und musiziert. Karneval in Kapstadt eben.
- **Shakespeare at the Maynardville Open-Air Theatre** (www.facebook.com/maynardvilleopenairtheatre), etwa Mitte Januar bis Ende Februar. Dieses Festival ist fester Bestandteil des Kapstädter Kulturkalenders. Bevor man in dem wunderschön dicht bewachsenen Amphitheater (Maynardville Park, Wynberg) für die Show Platz nimmt, kann auf den Rasenflächen davor ein mitgebrachtes Picknick eingenommen werden. Tipp: In Kapstadt kann es selbst an Sommerabenden recht frisch werden, also Pullover, Jacke und

Vom Tafelberg 31 bieten sich grandiose Ausblicke

124kp Abb.: dl

Auch für 2024 wieder in Planung: das Formel-E-Rennen (s. S. 118) unterhalb vom Tafelberg 31

eine Thermosflasche mit Heißgetränk mitnehmen.

- **J&B Metropolitan Handicap**, Ende Jan./Anfang Feb. Das Pferderennen in Kapstadt ist *das* soziale Event in der Stadt, um zu zeigen, was man hat. Wichtiger als das Rennen selbst sind die modischen Kreationen der Besucher. Ein Tummelplatz für Promis und jene, die es gerne wären. Touristen bieten sich tolle Fotogelegenheiten.
- **Cape Town Pride Festival** (www.cptpride.org), Ende Februar bis Anfang März. Großes LGBT-Festival mit Parade durch Cape Quarter.
- **Nederburg Jazz Concert,** Paarl (www.nederburg.co.za), Ende März. Auf dem Nederburg-Weingut in Paarl wird nicht nur den Jazzklängen gelauscht, sondern auch getanzt, gegessen und natürlich getrunken. Ein fröhliches Südhalbkugel-Herbstfest.
- **Cape Town International Jazz Festival** (Tel. 4225651, www.capetownjazzfest.com), Ende März. Jazzfestival mit lokalen und internationalen Stars. Im Cape Town Convention Centre [F4] spielen dann die südafrikanischen Ikonen dieser Musikrichtung, wie Hugh Masekela und MosDef.

April, Mai, Juni

- **Old Mutual Two Oceans Marathon** (www.twooceansmarathon.co.za, Tel. 6575140), Osterwochenende. 56 km langer Ultramarathon, der im Stadtteil Newlands beginnt, um dann der südlichen Kaphalbinsel zu folgen, Zielpunkt ist das Universitätsgelände. Weniger Fitte wählen den „leichteren" Halbmarathon.
- **Out in Africa South African Gay & Lesbian Film Festival** (Facebook: Out in Africa – South African Gay & Lesbian Film Festival), Mitte April. Filme von Lesben und Schwulen über Lesben und Schwule. Internationale Produktionen für ein liberales Publikum.
- **Taste of Cape Town**, Mitte April. In der Rhodes High School in Mowbray geben sich Kapstadts beste Restaurants und Weingüter ein Stelldichein. Die beste Möglichkeit, um an einem Ort zu entdecken, was die Mother City kulinarisch zu bieten hat.
- **South African Cheese Festival** (www.cheesefestival.co.za), Ende April. Ein Festival für Käsefreunde in Franschhoek, wo die Top-Käsesorten des Landes präsentiert und verkostet werden. Lokale Gourmetköche praktizieren ihre Fähigkeiten live vor Ort. Ideal für einen Tagesausflug. Viele Stände, die während der Veranstaltung Essen und Trinken verkaufen.

Aktuelle Termine

Infos zu aktuellen Veranstaltungen in und um Kapstadt findet man z. B. unter:

- www.capetown.travel
- www.capetownmagazine.com/events

Gesetzliche Feiertage in Südafrika

- **1. Januar:** New Year's Day (Neujahr)
- **21. März:** Human Rights Day (Tag der Menschenrechte)
- **Good Friday** (Karfreitag)
- **Ostermontag:** Family Day (Tag der Familie)
- **27. April:** Freedom Day (Feier des 27. April 1994, dem Tag der ersten demokratischen Wahlen)
- **1. Mai:** Worker's Day (Tag der Arbeit)
- **16. Juni:** Youth Day (Tag der Jugend)
- **9. August:** National Women's Day (Nationaler Tag der Frauen)
- **24. September:** Heritage Day (Tag des Nationalerbes)
- **16. Dezember:** Day of Reconciliation (Tag der Versöhnung)
- **25. Dezember:** Christmas Day (Weihnachten)
- **26. Dezember:** Day of Goodwill (Tag des guten Willens)

- **Cape Times V & A Waterfront Wine Affair** (Tel. 4087600, www.waterfront.co.za), Anfang Mai. Ohne lange von Gut zu Gut durchs Weinland zu touren, lassen sich hier praktisch alle guten Tropfen an einem Platz verkosten. Hierzu wird an der Waterfront ein großes Weinzelt errichtet. Das Essen kommt natürlich auch nicht zu kurz, diverse Gourmetstände haben Leckeres im Angebot.
- **Encounters: South African International Documentary Film Festival** (www.encounters.co.za, Tel. 4654686), erste Junihälfte. In ausgewählten Kapstädter Kinos werden preisgekrönte lokale und internationale Dokumentarfilme gezeigt.
- **Cape Town Book Fair** (Tel. 011 5498300, Facebook: South African Book Fair), Mitte Juni. Mit über 250 Ausstellern die größte Buchmesse des Landes mit internationalen und lokalen Verlagen, die – von Romanen bis zu Reiseführern – ihre Produkte präsentieren. Leseratten kommen voll auf ihre Kosten. Veranstaltet wird das Ganze im Cape Town Convention Centre [F4].

Juli, August, September

- **Bastille Day Festival** (Facebook: Franschhoek Bastille Festival), Franschhoek, Mitte Juli. Einmal im Jahr verwandelt sich das Weindorf Franschhoek in ein Stückchen Frankreich. Frankophile tragen schwarze Baskenmützen und fahren mit wunderbar restaurierten Enten (Citroën 2CV) vor. Natürlich geht es auch hier wieder ums Essen, doch auch sportliche Aktivitäten kommen nicht zu kurz: Neben Boule gibt es auch einen Wettbewerb im Fässerrollen, wo man bereits beim Zusehen Kalorien verliert. Ein Filmfestival mit französischen Streifen rundet das Programm ab.
- **Cape Town Fashion Week** (www.africanfashioninternational.com), Tel. 011 2696960), Ende Juli. *Die* Modeveranstaltung in Südafrika. Hier kann man im Cape Town Convention Centre [F4] live erleben, was lokale Fashion Designer können.
- **Jive Cape Town Funny Festival** (www.funnyfestival.co.za), Mitte Juli bis Mitte August. Zweigeteilte Kabarettshow: einmal eine Show mit mehr familienfreundlichem Inhalt und dann „Danger Zone" (mehr unter der Gürtellinie). Nur etwas für Besucher, die recht gut Englisch sprechen.
- **Good Food & Wine Show** (Tel. 7974500, Facebook: Good Food and Wine Show SA), Ende September. Und wieder geht es um Essen und Trinken. Gleich neun Küchen, wo lokale und internationale Kochkünstler zeigen, was sie im Repertoire haben, sind aufgebaut.

Oktober, November, Dezember

- **Cape Town International Kite Festival** (Tel. 4479040, Facebook: Cape Town International Kite Festival), Anfang November. Fantastisches Flugdrachenfestival, ein toller Spass für große und kleine Kinder. Teilweise irre Designs flattern im oft heftigen Kapstadtwind.
- **The FNB Whisky Live Festival** (Tel. 8800180, www.whiskylivefestival.co.za), Anfang Oktober. Großes Whisky-Festival mit über 180 goldenen Tropfen von schottischen und irischen Meisterbrennereien, aber auch von unabhängigen, kleinen Produzenten aus Wales und Japan.
- **Nederburg Picnic Season** (Tel. 8623104, www.nederburg.co.za), Dezember bis März. Für 150 Rand pro Person bekommt man einen reich gefüllten Gourmet-Picknickkorb (zwei Tage vorher reservieren), dessen Inhalt, bestehend aus Käse, Brot, Aufschnitt, Pasteten, Pasta und Salaten, man dann auf den Grasflächen des idyllischen Weinguts Nederburg in Paarl genüsslich verzehren kann.
- **Kirstenbosch Sundowner Concerts** (Tel. 7998783, www.sanbi.org), Ende Dez.–Anfang April. Eigentlich ein Muss, wenn man zu dieser Zeit in Kapstadt weilt, eine Kombination aus idyllischem Picknick und Open-Air-Musikfestival. Hier haben schon international bekannte Stars wie Elton John, Bryan Adams und Art Garfunkel live aufgespielt. Aber auch die *local heroes* The Parlotones, Freshlyground, Just Jinjer, Watershed und Goldfish treten hier immer wieder vor der gigantischen Tafelbergkulisse auf.
- **Obs Arts Festival** (www.openstreets.co.za), Anfang Dezember. Cooles Straßenfest in Kapstadts „Kreuzberg". Die dann gesperrte Lower Main Street des Viertels Observatory (im Kapstadt-Slang „Obs" genannt) wird zur pulsierenden Partymeile, es gibt Essens- und Verkaufsstände. Open Streets werden auch regelmäßig in anderen Teilen Kapstadts veranstaltet, z. B. Bree Street (siehe Website).
- **MCQP Festival** (Facebook: MCQP), Mitte Dezember. Das Schwulenfestival der Stadt findet jährlich unter einem anderen Motto statt, von „Lights! Camera! Action!" über „Kitsch Kitchen" bis zu „Farm Fresh" und „Matric Dance" reichten die Themen bisher. Hier nehmen ebenso viele Heteros wie Homos teil. Die Verkleidungen sind zum Teil unglaublich aufwendig.

KAPSTADT VERSTEHEN

109kp Abb.: dl

Kapstadt – ein Porträt

Kapstadt gilt als eine der schönsten Städte der Welt. Südafrikas südlichste Metropole wird mit Recht in einem Atemzug mit Rio de Janeiro, Sydney oder Vancouver genannt. Die bereits von Weitem auszumachende Silhouette des über 1000 Meter hohen Tafelbergs beherrscht das Bild der Stadt. Bei keiner anderen Millionenmetropole liegen geschützte Natur und urbanisierte Gebiete so nah beieinander.

Kapstadt hat eine fast perfekte Infrastruktur. Hotels, Restaurants und Shops sind zur Genüge vorhanden, Straßen, Brücken, Zubringer und Schnellbuslinien sorgen für gutes Vorankommen. Das Ergebnis: wenig Staus auf den Einfallstraßen zu den Stoßzeiten und eine fußgängerfreundliche *inner city*.

Vorseite: Luftiger Job – „Fensterputzen" am Silo-Hotel (s. S. 122) an der Waterfront 20

Die **Hauptstadt der Western Cape Province** ist mit ihren fast 5 Millionen Einwohnern nach Johannesburg und vor Durban die zweitgrößte Stadt des Landes und hat eine Flächenausdehnung von 2455 km². Sie ist Sitz des südafrikanischen Parlaments und **ökonomisches Zentrum** der Western Cape Province. Neben Ölraffinerien gibt es hauptsächlich Lebensmittel-, Chemikalien- und Düngerproduktion. Weitere wirtschaftliche Schwerpunkte sind der Automobilbau, die Leder- und Plastikwaren- sowie die Textilindustrie. In der Stadt befinden sich auch der wichtigste **Flugplatz** und der wichtigste **Hafen** der Provinz. Über Letzteren werden hauptsächlich Gold, Diamanten und Früchte exportiert. An der Waterfront befindet sich eines der größten Trockendocks der Welt und die Reparatur von Schiffen ist ein weiterer wichtiger Industriezweig. Am meisten Geld kommt jedoch durch die Besucher aus aller Welt in die Metropole. Kapstadt ist Afrikas wichtigstes **Touristenreiseziel** und hat dabei sogar Kairo überholt.

148kp Abb.: ©poco_bw, www.africaphotobank.com, stock.adobe.com

Kapstadt in Zahlen

- **Gegründet:** 16. April 1652
- **Einwohner:** 4,89 Mio.
- **Einwohner/km²:** 1991
- **Fläche:** 2455 km²
- **Höhe ü. M.:** durchnittliche 25 m, bis 1000 m (Tafelberg)

Auch die Ausbildung der jungen Kapstädter kommt nicht zu kurz. Die Mother City verfügt über drei öffentliche **Universitäten** – die University of Cape Town (UCT), die University of the Western Cape (UWC) und die Cape Peninsula University of Technology (CPUT) – und vor allem im erweiterten **Cape Town International Convention Centre** [F4] finden viele Konferenzen statt. Momentan gibt es in Kapstadt mehr Wolkenkratzer als in Johannesburg!

Verhaltenstipps

- In Südafrika wird man meist mit einem formellen Handschlag begrüßt, vor allem bei offiziellen Anlässen. Ansonsten ist die Art der **Begrüßung** recht locker. Oft reicht ein „Hi" oder das lokale „Howzit". Nach der Begrüßung spricht man sich praktisch immer mit dem Vornamen an.
- **FKK** ist nirgendwo in Kapstadt erlaubt. Oben ohne zu baden ist noch immer unüblich und fällt enorm auf.
- Bevor man **Fotos von Menschen** macht, sollte man um Erlaubnis fragen. Auf keinen Fall darf man militärische Einrichtungen ohne Genehmigung fotografieren.
- In Kapstadt kommt man schnell mit **Einheimischen** aller Hautfarben ins **Gespäch.** Dabei nie belehrend wirken und politische sowie Rassismus- und Apartheid-Themen meiden. Südafrikaner sind sehr stolz auf ihr Land und können besserwisserische Besucher nicht ausstehen.

Blick auf Kapstadt mit Tafelberg 31 *und Cape Town Stadium* 19

Von den Anfängen bis zur Gegenwart

Kapstadt ist die älteste europäische Siedlung Südafrikas. Daher auch der Name Mother City – Mutterstadt. Einst nur als reine Versorgungsstation für holländische Schiffe auf dem Seeweg nach Malaysia und Indonesien gedacht, entwickelte sich die südlichste Metropole Afrikas in knapp vier Jahrhunderten zu ihrer trendigsten. So ist es kein Wunder, dass Kapstädter oft als arrogant bezeichnet werden, denn es ist tatsächlich nicht einfach, bescheiden zu bleiben, wenn man in der „schönsten Stadt der Welt" wohnt.

Südafrikas Geschichte änderte sich am 16. April 1652 für immer. Während zuvor immer wieder portugiesische Seefahrer wie Vasco da Gama und Bartolomeu Dias an der Küste landeten, um Proviant und Wasser zu laden, nahmen die Holländer das vermeintlich menschenleere Land am Kap für sich in Besitz. Der Niederländer Jan van Riebeeck legte in der Tafelbucht mit drei Schiffen an. Etwa 40 % der Schiffsbesatzungen waren Deutsche (s. S. 92), der Rest Niederländer. Ziel der Niederländer war es, einen Stützpunkt für die Schiffe der Niederländischen Ostindien-Kompanie zu errichten.

um 300 v. Chr.: San-Gruppen, die Vieh halten, wandern vom Norden her ans Kap. Sie werden als Khoikhoi bezeichnet.

um 1400: San (Buschleute) und Khoi sind die einzigen Menschen am Kap.

1488: Bartolomeu Dias landet in Mossel Bay und hat ersten Kontakt mit den dort lebenden Khoi.

1490: Dias umsegelt das Kap und nennt es „Kap der Stürme", *Cabo Tormentoso.*

1497/98: Vasco da Gama umsegelt auf seinem Weg nach Indien das Kap. Er landet zunächst in Mossel Bay, später an der Küste Natals.

1503: Antonio de Saldanha landet in der Tafelbucht und ist der erste Europäer über den dokumentiert ist, dass er den Tafelberg bestieg.

1510: Das Schiff Francesco de Almeidas, des Vizekönigs der portugiesischen Kolonien in Indien, ankert auf dem Rückweg von Indien in der Tafelbucht. Der zunächst freundliche Kontakt mit den lokalen Khoikhoi wird aggressiv, als die Portugiesen ein Kind als Geisel nehmen, um mehr Fleisch als Reiseproviant zu erpressen. Die deutlich schlechter bewaffneten Khoikhoi drängen die Portugiesen zurück in ihre Boote, dabei kommen 58 von ihnen ums Leben. Die nächsten 80 Jahre wagt sich kein Europäer mehr ans Kap.

1591: Ein Schiff landet in der Tafelbucht und sein Kapitän tauscht mit den Khoikhoi erstmals Eisen gegen Vieh.

Anfang des 17. Jh.: Englische und holländische Schiffe landen auf dem Weg nach Indien immer wieder in der Tafelbucht und tauschen Eisen und später Kupfer gegen Vieh.

25. März 1647: Das holländische Schiff „Haerlem" läuft beim heutigen Milnerton auf Grund. Mehrere Monate hausen die Schiffbrüchigen, die alle das Unglück überlebt haben, in selbst gemachten Verschlägen. Im darauffolgenden Jahr kommt die Rettungsflotte. Mit an Bord ist Jan van Riebeeck, der sich bei dieser Gelegenheit das Land näher ansieht. Bei seiner Rückkehr überzeugt er den Vorsitz der VOC (Vereenigde Oostindische Compagnie), den Rat der Siebzehn, dort eine Versorgungsstation für Schiffe auf dem Weg nach Indien einzurichten.

16. April 1652: Jan van Riebeeck wird zum ersten Kap-Gouverneur ernannt. Die Einnahme des Kaps war eine Präventivmaßnahme, um England zuvorzukommen, mit dem Holland zu der Zeit im offenen Krieg war.

1652–1662: In der zehnjährigen Amtszeit von Riebeeck kommt es immer wieder zu Auseinandersetzungen mit den am Kap lebenden Khokhoi, die die zunehmende Besiedlung als Bedrohung ihres Lebensraumes ansehen. Einige von ihnen, wie „Harry" oder „Krotoa", die unter dem Namen „Eva" Hausmädchen bei Riebeeck und seiner Frau war, stellen sich mehr auf die Seite der Holländer, lernen deren Sprache, passen sich deren Sitten an und fungieren als Übersetzer.

1658: Die ersten freien Bürger siedeln am Ende ihrer Zeit bei der VOC (Vereenigde Oostindische Compagnie) am Liesbeek-Fluss mitten im Weideland der Khokhoi, was zu offenen Auseinandersetzungen führt. Die Holländer bringen ihre Familien in das von Riebeeck errichtete erste Fort, ein simpler Schutzwall aus Erde und Holz.

1662: Der Dresdner Zacharias Wagner löst seinen guten Freund Jan van Riebeeck am Kap als Gouverneur ab. Er lässt unterirdische Wasserspeicher (deren Ruinen heute noch im Erdgeschoss des Golden Acre Shopping Centre zu sehen sind) bauen.

1666–1674: Das Castle of Good Hope wird in seiner heutigen Form gebaut. Es ist damit das älteste europäische Gebäude Südafrikas.

1688: Belgische und französische Hugenotten flüchten auf holländischen Schiffen ans Kap, nachdem die Religionsfreiheit in ihren Ländern aufgehoben wurde. Sie legen den Grundstein für die Weinindustrie. Viele typische südafrikanische Nachnamen stammen aus dieser Zeit: du Toit, Malan, de Villiers oder du Plessis.

18. Jh.: Da zu Beginn der Kap-Besiedlung nur sehr wenig Frauen per Schiff in der Tafelbucht ankamen, war es völlig „normal" für Holländer und Deutsche, entlassene Sklavinnen aus Indonesien oder Afrika zu heiraten, nachdem diese zunächst Holländisch gelernt hatten und auch zum christlichen Glauben übergetreten waren. Im Lauf des 18. Jahrhundert kamen dann viele Töchter von freien Bürgern ins heiratsfähige Alter und die Bereitschaft zu Mischehen nahm mehr und mehr ab.

1740: Die Zerstörung von Fauna und Flora ging schnell voran. Laut Aufzeichnungen gab es „in einem Umkreis von 20 oder 24 Meilen um das Castle kein wildes Tier mehr". Vorher lebten dort Löwen, Leoparden, Hyänen und sogar Elefanten und Nashörner. Fast alle Bäume der Umgebung wurden gefällt. Der erodierte Boden wurde ins Meer gewaschen.

1750: Kapstadt hat mittlerweile 1200 Gebäude und eine Bevölkerung von etwa 2500 Bürgern, freien Schwarzen und Sklaven. Die Straßen sind schlammig und unrein, Abfall und Fäkalien werden direkt dorthin entsorgt. Frei laufendes Vieh und Zugochsen laufen unkontrolliert herum. Die Wäsche wird von Sklaven in den Flüssen, die vom Tafelberg kommen, gewaschen. Die Kanäle sind oft mit Dreck verstopft. Weltweit beginnen Einfluss und Macht der Holländer zu schwinden.

1752: Bis zu diesem Jahr praktiziert Kap-Gouverneur Ryk Tulbagh die Gleichstellung von befreiten schwarzen Sklaven und freien Bürgern, doch die Tendenz der weißen Bevölkerung, sich als rassische Elite zu isolieren, nimmt zu. Die andauernden Sklaventransporte ans Kap verhindern das Entstehen einer weißen Arbeiterklasse. Das führt immer mehr dazu, daß Weiße dunkelhäutige Menschen als minderwertig ansehen.

1756: Das Burger Wachthuys oder „Town House" wird vollendet. Das ehemalige Rathaus steht heute noch am Greenmarket Square.

Deutsche am Kap: von Anfang an dabei

Den meisten Südafrikanern und Besuchern Kapstadts ist der Einfluss der Deutschen bei der **Besiedlung des Landes** nicht bewusst. Das liegt vor allem daran, dass diese, wenn sie für die Holländer arbeiten wollten, deren Sprache sprechen mussten. Am Kap angekommen waren sie damit automatisch „Holländer". Deutsche stellten aber bereits einen Großteil der Besatzung auf den ersten drei Schiffen, mit denen der Holländer Jan van Riebeeck im April 1652 in der Tafelbucht einlief.

Historische Mannschaftslisten zeigen, dass viele der ersten Weißen am Kap Deutsche waren, die erst Holländisch, später die neue Kap-Sprache Afrikaans sprachen. Eine Verfügung der VOC (Vereenigde Oostindische Compagnie) von 1657 ordnete an, dass am Kap keine „Ausländer", sondern nur **Holländer** und **Deutsche** beschäftigt werden durften. Holländische Beamte, die die Neuankömmlinge registrierten, sorgten oft auch gleich für **neue Namen.** Der „typisch" südafrikanische Nachname van Aswegen entstand z. B. so: Auf die Frage nach seiner Herkunftsstadt antwortete ein deutscher Neuankömmling „Aus Wegen". Der Schreiber verstand Aswegen und notierte „van Aswegen".

Von den ersten neun **freien Bürgern,** die 1657 ihre Entlassungsurkunden aus VOC-Diensten erhielten, waren fünf Deutsche. Die **Zuweisung von Land** durch die Niederländisch-Ostindische Handelsgesellschaft unterlag strengen Regeln. Nur verheiratete Leute „von gutem Charakter" und „von niederländischer oder deutscher Herkunft" erhielten Grundstücke. Fast jedes Schiff aus Holland brachte in der Folgezeit Deutsche ans Kap und im 17. und 18. Jh. gründeten etwa 4000 Deutsche **Familien** in Südafrika. Sie waren damit zum Teil Stammväter der Afrikaner. Da es kaum deutsche Frauen gab, heirateten sie holländische Waisen, Französinnen (die Töchter geflohener Hugenotten) und Sklavinnen aus Asien und Afrika.

Entgegen einiger geschichtlicher Quellen und der Darstellung in James Micheners ansonsten sehr interessantem Roman „Verheißene Erde" waren die Deutschen, die oft als Söldner ins Land geholt wurden, nicht alle ungebildete Ignoranten. Die Heuerlisten der Handelsgesellschaft nennen Pfarrers- und Beamtensöhne, Adlige und Kaufleute sowie Akademiker wie Mathematiker, Landvermesser, Geografen und Botaniker, die allesamt dem **Elend in Deutschland** nach dem schrecklichen Dreißigjährigen Krieg entfliehen wollten. Die meisten Söldner konnten lesen und schreiben, was damals in Deutschland keine Selbstverständlichkeit war.

Die ersten südafrikanischen **Forschungsberichte** aus allen Wissenschaftsgebieten stammen vorwiegend von Deutschen, die immer wieder Exkursionen ins unbekannte Landesinnere unternahmen. Das erste **Wörterbuch** der Khoi-Sprache verfasste Anfang der 1660er-Jahre der Sprachforscher Georg Friedrich Wrede aus dem Hannoverischen. Auch bei den Anfängen des **Weinbaus** am Kap waren Deutsche maßgeblich beteiligt. Einer von vielen war Henning Hüsing, der seine Kap-Karriere als armer VOC-Soldat begann und später als Knecht und Viehhüter arbeitete. Er wurde schließlich freier Bürger und war einer von fünf Bauern, die begannen, **Vieh** im Khoi-Land zu züchten. Schon wenige Jahre später war er durch die Fleischlieferungen an die VOC zu einem der reichsten Männer Südafrikas geworden. Von 1683 an legte er im großen Stil Getreidefelder an und wurde Gemeinderat in Stellenbosch, der zweiten Stadtgründung Südafrikas. Er baute Landgüter und Häuser, von denen „Meerlust“ bis heute zu den schönsten zählt. Über 100.000 Rebstöcke soll er dort gepflanzt haben. Ein anderer Weinbauer war der Heidelberger Carl Georg Wieser, der seine Karriere ebenfalls als Soldat begann, 1731 eine Kapstädterin heiratete und dann das berühmte von Simon van der Stel erbaute Weingut Constantia 33 kaufte.

Viele erfolgreiche Weinbauern ließen ihre Häuser von einem Deutschen ausbauen. Von Anton Anreith, 1777 aus Freiburg i. Br. eingewandert, stammen die schönsten **Giebel** und **Bildhauereien** am Kap. Berühmt sind sein Giebel mit Relief am Kellereigebäude von Constantia und die Kanzel-Löwen sowohl in der lutherischen Kirche als auch in der Groote Kerk in Kapstadt.

Selbst das **Gesundheitswesen** am Kap war eine Domäne der Deutschen. Zu holländischen Zeiten gab es etwa 50 deutsche Ärzte. Deutschstämmige Südafrikaner waren auch von Anfang an **politisch aktiv.** Der Nachfolger Jan van Riebeecks im Amt des Kap-Kommandanten war der aus Dresden stammende Zacharias Wagner. Bei Protesten gegen die VOC standen Deutsche fast immer in der ersten Reihe. Unter englischer Herrschaft kam es zum **Großen Treck.** Unter den sogenannten „Trekburen“ und ihren Führern waren viele Deutsche. Zur ersten Gruppe gehörten die deutschstämmigen Familien Botha, Pretorius und Albrecht. Die zweite Gruppe wurde vom aus dem schleswig-holsteinischen Rendsburg stammenden Johannes van Rensburg geleitet. Der dritte Buren-Führer, Andries Hendrik Potgieter, war von Osnabrück nach Südafrika ausgewandert. Unter den Trekburen befand sich auch der spätere Burenpräsident Paulus Kruger, dessen Vorfahre Jacob Krüger 1713 als VOC-Soldat in Kapstadt landete.

Der deutsche Einfluss in Kapstadt konnte sich bis in die Gegenwart erhalten. Die Bundesrepublik ist einer der **wichtigsten Handelspartner** Südafrikas. Mercedes, BMW und VW, die alle in Südafrika produzieren, gehören zu den beliebtesten Automarken im Land. Bis heute sorgen Handwerker, Bauunternehmer, Metzger, Bäcker und Bierbrauer deutscher Herkunft für ordentliche Häuser, funktionierende Autos, leckeres Brot, delikate Wurst und nach dem deutschen Reinheitsgebot gebrautes Bier, was deutsche Gäste, die ihr Heimweh lindern wollen, ganz besonders zu schätzen wissen.

⊠ Kunstvoll verzierter Giebel in Constantia 33 von Anton Anreith

125kp Abb.: dl

1795: Nach der Schlacht von Muizenberg übernehmen die Briten zunächst kurz die Macht am Kap, ziehen dann aber wieder ab.

1814: Diesmal annektieren die Briten das Kap, nachdem sie eine erneute Schlacht, diesmal bei Blouberg, gewonnen haben.

1827: Die neuen Machthaber lassen am Kap nur noch ihre Sprache – das Englische – vor Gericht zu.

1834/35: Die Engländer schaffen die Sklaverei am Kap ab.

1836–38: Der Große Treck beginnt. Tausende von Buren, die mit der Herrschaft der Briten unzufrieden sind, ziehen mit Ochsenwagen ins Landesinnere.

1839: Gründung der unabhängigen Burenrepubliken Transvaal, Orange Free State und Natal.

1860: Sträflinge bauen Kapstadts Wellenbrecher und den Hafendamm.

1869/70: Bei Kimberley werden die ersten Diamanten und am Witwatersrand, in der Nähe des heutigen Johannesburg, die größten Goldvorkommen der Welt entdeckt. Die Briten wollen diesen gewaltigen Reichtum nicht den „unabhängigen" Burenrepubliken überlassen.

1882: In Kapstadt wird elektrisches Licht installiert.

1896: Kapstädter bekommen ihre erste Kinovorführung. Carl Herz zeigt einen 90 Sekunden langen Film mit schottischen Tänzern, marschierenden Soldaten und einem Boxkampf.

1901: Die Beulenpest bricht in Kapstadt aus.

1899–1902: Im Englisch-Burischen Krieg unterstützt der deutsche Kaiser die „burischen Brüder" mit Waffen (Mausergewehren) und Logistik. Die Burenkommandos erzielen anfangs erstaunliche Erfolge gegen die gewaltige Übermacht der britischen Armee. Erst als diese beginnt, burische Farmen niederzubrennen und Frauen und Kinder in die ersten Konzentrationslager der Geschichte zu verfrachten, wo 39.000 von ihnen sterben, geben die Buren auf. Am Ende des Krieges hatte England nahezu eine halbe Million Soldaten in Südafrika mobilisiert, von denen 22.000 starben. Von den 88.000 kämpfenden Buren verloren 7000 ihr Leben, 5500 liefen zu den Engländern über.

1910: Gründung der Südafrikanischen Union

1912: Gründung des African National Congress (ANC) in Bloemfontein

1918: Einige Afrikaner, wie sich die nichtenglischen, weißen Südafrikaner nennen, gründen den geheimen Broederbond (Bruderbund), mit dem Ziel, Kultur, Religion und Sprache (Afrikaans) der Afrikaner zu bewahren und ihren Einfluss im Land schrittweise von der Basis her auszubauen. Junge Afrikaner reisen durch Europa und lassen sich von den dortigen faschistischen Ideen begeistern, die prima zu ihrem Nationalismus passten. Der Begriff „Apartheid", der den Prozess der getrennten Entwicklung verschiedener Ethnien beschreiben sollte, wird geboren.

1925: Afrikaans wird zweite offizielle Landessprache. Auch in der bis dato eher liberalen Kapprovinz verlieren Schwarze das Wahlrecht.

1929: Die Kirstenbosch Botanical Gardens werden eröffnet.

1939: Der Broederbond ist voll aktiv. Etwa 10.000 führende Unternehmen des Landes sind fest in der Hand von Mitgliedern.

1939–1945: Der Zweite Weltkrieg spaltet die Südafrikaner. In Nordafrika, wo viele südafrikanische Soldaten gegen das deutsche Afrikakorps eingesetzt werden, weigern sich Buren auf ihre „deutschen Brüder" zu schießen, in Erinnerung an die einstige Unterstützung des Kaisers im Englisch-Burischen Krieg von 1899 bis 1902.

1944: Ein junger „Hitzkopf" gründet mit zwei Freunden die ANC-Jugendliga. Ihr

Slogan: „Afrika ist das Land der Schwarzen" – sein Name: Nelson Mandela.

28. Mai 1948: Die oppositionelle National Party, der niemand eine Stimmenmehrheit zugetraut hätte, gewinnt die (natürlich rein weißen) Wahlen. Über Nacht wird die Apartheid zur Staatspolitik erhoben.

1950er-Jahre: Die Regierung verabschiedet ein Apartheid-Gesetz nach dem anderen. Am Ende steht selbst gemischtrassiges Händchenhalten und Küssen unter Strafe.

1955: Der „Congress of the People", eine gewaltige Massenveranstaltung, während der von Vertretern aller südafrikanischen Bevölkerungsgruppen die „Freedom Charta" verabschiedet wird, findet statt. Die Regierung sieht dies als Hochverrat und läßt 156 Oppositionsführer verhaften und anklagen.

21. März 1960: Beim „Massaker von Sharpeville" sterben 69 Schwarze, fast alle mit Schusswunden im Rücken, bei einem Protest gegen die Passgesetze. ANC-Politiker fliehen ins Exil. Mandela reist durch das ganze Land, mobilisiert den Widerstand und organisiert Anschläge auf Regierungs- und Wirtschaftsziele.

5. August 1962: Mandela, der sich als „Chauffeur" eines weißen Apartheid-Gegners versteckt hält, wird von Agenten der CIA enttarnt. Die USA sehen im ANC eine kommunistische Bedrohung und helfen daher mit, dessen Führer zu finden. Mandela wird inhaftiert und erst 27 Jahre später wieder aus dem Gefängnis entlassen.

1966: 60.000 Bewohner von District Six werden zwangsumgesiedelt. Ihr Stadtviertel wird dem Erdboden gleichgemacht.

1967: In Kapstadts Groote Schuur Hospital verpflanzt Professor Chris Barnard erfolgreich ein menschliches Herz und schreibt damit Medizingeschichte.

1970er-Jahre: Die dunkelste Zeit der Apartheid. Der Staat erstickt brutal jeden Widerstand im Keim.

16. Juni 1976: Der Anfang vom Ende der Apartheid: Schüler in Soweto demonstrieren gegen Afrikaans als alleinige Unterrichtssprache. Die Polizei eröffnet das Feuer auf die unbewaffneten Kinder. Fast 600 Menschen sterben. Die Fernsehbilder gehen um die Welt. Südafrika wird zum Geächteten der Weltgesellschaft. Die Sanktionen gegen das Land am Kap werden immer umfassender.

1984–86: Der ANC fordert die Jugend auf, das Land unregierbar zu machen. Über 2300 Menschen sterben bei den Unruhen, mehr als 50.000 werden verhaftet. Als das Apartheid-Regime schließlich die Armee in den Townships einsetzt, steht das Land kurz vor einem Bürgerkrieg.

1985: Erste Geheimgespräche zwischen der National-Party-Regierung und dem inhaftierten Nelson Mandela

1986: Staatspräsident Pieter Willem Botha verhängt den Ausnahmezustand. Killerkommandos machen gezielt Jagd auf Oppositionelle. Auch im Ausland sterben Apartheid-Gegner wie der schwedische Premierminister Olof Palme unter „mysteriösen" Umständen.

1989: Frederik de Klerk übernimmt das Amt des Präsidenten von dem Hardliner Botha. Er sieht ein, dass es ohne drastische Veränderungen keine Zukunft für Südafrika geben kann.

2. Februar 1990: De Klerks Rede im Parlament wird weltweit ausgestrahlt und ändert Südafrikas Geschichte. Der neue Präsident hebt das Verbot des ANC, der kommunistischen Partei, des Pan African Congress (PAC) und 31 anderer Institutionen auf, schafft die Todesstrafe ab und entlässt Mandela aus der Haft. Seine geschockten Parteifreunde schreien „Verräter". Bei seiner ersten Rede nach 27 Jahren Gefängnis, am 11. Februar an der Grand Parade vor der City Hall in

Kapstadt, ruft Mandela zur Versöhnung, nicht zur Rache auf.

20.4.1990: Abschaffung aller Apartheid-Gesetze und Aufhebung des Ausnahmezustands

10.12.1993: Friedensnobelpreis für Nelson Mandela und Frederik de Klerk

1994: Ende April finden die ersten demokratischen Wahlen in Südafrika statt. Von den 23 Millionen wahlberechtigten Südafrikanern sind 18 Millionen Schwarze. Es bilden sich kilometerlange Warteschlangen vor den Wahllokalen. Der ANC gewinnt wie erwartet mit einem Erdrutschsieg. Er erhält 62,7 % aller Stimmen. Am 10. Mai leistet Nelson Mandela den Amtseid als erster schwarzer Präsident Südafrikas.

1997: Die berühmte Seilbahn auf den Tafelberg wird in mehrmonatiger Arbeit komplett modernisiert.

1999: Bei den zweiten demokratischen Wahlen wird der ANC mit großer Mehrheit wiedergewählt. Wie geplant übernimmt Thabo Mbeki das Amt des Staatspräsidenten von Nelson Mandela.

2003: Nelson Mandela ruft und die Topmusiker der Welt kommen zu seinem Aids-Benefizkonzert.

Nov. 2006: Als erstes afrikanisches Land legalisiert das Parlament in Kapstadt mit Mehrheitsentscheidung die Homo-Ehe.

2007: Erster Spatenstich zum Bau des Cape Town Stadium. Am 18. Dezember wird der umstrittene Jacob Zuma vom ANC zum neuen Partei-Präsidenten gewählt. Zuma schlägt, was kurz zuvor noch als unmöglich galt, seinen Widersacher und bisherigen Amtsinhaber, Staatschef Thabo Mbeki.

2009: Bei den vierten demokratischen Wahlen Südafrikas wird Jacob Zuma Präsident. In der Folgezeit wird er immer wieder Ziel von Korruptionsvorwürfen, u. a. soll er mithilfe der indischen Gupta-Familie Milliarden ins Ausland geschafft haben.

Juni/Juli 2010: Die erste Fußball-Weltmeisterschaft auf afrikanischem Boden wird ein gigantischer Erfolg. Kapstadt präsentiert sich der Welt von seiner besten Seite.

5.12.2013: Nelson Mandela, Nationalheld und einer der bedeutendsten Staatsmänner des 20. Jahrhunderts, stirbt nach langer Krankheit im Alter von 95 Jahren.

2020: Die weltweite Coronapandemie hat auch für Südafrikas Wirtschaft gravierende Folgen. Ein rigider Lockdown zwingt viele Unternehmen zur Aufgabe, besonders im Tourismussektor.

2021: Im Juli muss der von seiner Partei zum Rücktritt gezwungene Jacob Zuma eine Haftstrafe wegen Missachtung der Gerichtsbarkeit antreten, Proteste und Krawalle in Johannesburg und seiner Heimatregion KwaZulu-Natal sind die Folge. Anfang September wird der Ex-Präsident aus „medizinischen Gründen" wieder entlassen.

2022: Im April hebt der neue Präsident Ramaphosa den seit zweieinhalb Jahren bestehenden coronabedingten Katastrophenfall auf. Der Korruptionsprozess gegen Jacob Zuma wird wieder aufgenommen, außerdem muss er sich vor einem Untersuchungsausschuss verantworten.

2023 Seit Beginn des Jahres nehmen die täglichen Stromabschaltungen *(loadshedding)* dramatisch zu. Das Western Cape plant, so bald wie möglich vom staatlichen Energieversorger Eskom unabhängig zu werden.

Südafrika im 20. Jahrhundert

- **South African History Online:** www.sahistory.org.za
- www.nelsonmandela.org
- www.apartheidmuseum.org

Leben in der Stadt

Cape Coma – Kapstadt-Lifestyle

Kapstadt ist die **älteste Stadt Südafrikas** und gehört heute zu den schönsten Metropolen der Welt. Die Rivalität zu Südafrikas größter Stadt, Johannesburg, ist immer präsent. Was die Metropolen eint, sind die **Fußballbegeisterung** und die Tatsache, dass beide Städte nun Weltklassestadien besitzen. Was Kapstadt auf Anhieb so sympathisch macht, ist, dass es auf den ersten Blick nicht wie eine Millionenmetropole wirkt. Flankiert vom mächtigen, über 1000 Meter hoch aufragenden **Tafelberg**, dem **Signal Hill**, dem **Cape Town Stadium** und der **Tafelbucht** wirkt die 1652 von dem Holländer Jan van Riebeeck ursprünglich als reine Versorgungsstation etablierte Siedlung überschaubar. Auf engstem Raum liegen praktisch alle historischen Sehenswürdigkeiten der Mother City touristenfreundlich beieinander und der **Table Mountain National Park** beginnt da, wo die Gärten der letzten Häuser enden. Kapstadt ist somit die einzige Millionenstadt der Welt, die direkt an die geschützte Natur grenzt.

Wo immer man sich in der Stadt befindet, dominiert das berühmte Wahrzeichen aus Sandstein das Bild. Der Tafelberg strahlt eine **Ruhe** aus, die sich über die gesamte Stadt auszubreiten scheint und neben dem **mediterranen Klima** dafür verantwortlich ist, dass hier alles so „kalifornisch" **entspannt** abläuft. Es gibt Leute, die behaupten, der Name „Mother City" käme daher, dass hier alles neun Monate in Anspruch nähme. Geschäfte mit Capetonians zu machen, treibt Johannesburger, Europäer und Amerikaner oft zur Verzweiflung. Bei Verabredungen gilt **„afrikanische Zeit"**, Pünktlichkeit ist uncool und zum Mittagessen fehlt selten eine Flasche Wein – damit der Nachmittag noch ein bisschen gemütlicher wird. In Johannesburg wird Geld verdient, in Kapstadt wird gelebt – am Strand, am Berg oder in einem der zahlreichen Restaurants oder Cafés. In vielen Geschäften hängen oft schon am Freitagmittag selbst gemalte Schilder mit der Aufschrift: „Gone fishing" („Bin Fischen gegangen") im Schaufenster. Solange man mit Kapstädtern keine Geschäfte machen muss, ist also alles prima. Bezeichnungen wie „Slaapstad" (Afrikaans für „Schlafstadt") oder gar „Kaff der Guten Hoffnung" stammen jedoch eindeutig von neidischen Johannesburgern.

Kapstadt-Besucher sind meist überrascht, in den Straßen der Stadt so viele teure **Autos**, meist aus deutscher Produktion, zu sehen. Wie alle Südafrikaner sind die meisten Capetonians absolute *petrolheads,* sprich autoverrückt. Autos sind wichtiger als Häuser – und kosten oft auch mehr Geld. Natürlich ist Südafrika berüchtigt für die Fälle von *car-hijacking* im grenznäheren Johannesburg, aber mutwillig beschädigt werden Autos hier nicht. Sie genießen Respekt, denn **Statussymbole** haben Tradition im Land: Zu prämotorischen Zeiten demonstrierten Stammeshäuptlinge ihren Reichtum durch die Anzahl und das Aussehen ihrer Rinder.

Trotz seiner relativ geringen Marktgröße ist Südafrika einer der wichtigsten Märkte in der Welt für Premium-Autohersteller wie Rolls Royce, Bentley, Aston Martin, Porsche, Ferrari oder AMG. Und im Gegensatz zu Deutschland werden die Automobil-Preziosen in Kapstadt nicht ver-

030kp Abb.: dl

schämt im Nachbarort geparkt, sondern regelmäßig ausgeführt. Camps Bays Flaniermeile, die Victoria Road, wird daher des Öfteren zur *car show.*

30 Jahre Demokratie haben Kapstadt verändert. Nach wie vor treffen **Opulenz** und **Armut** übergangslos aufeinander, aber in den auf den ersten Blick trostlos wirkenden Cape Flats, die sich bis zur False Bay erstrecken, in denen Schwarze und *coloureds* (s. S. 99) auf engstem Raum nebeneinander leben, bewegt sich etwas. Das aufstrebende Kleinunternehmertum, die Lebensfreude und der Optimismus der Menschen, die wenig besitzen, stecken an und lassen eigene „Probleme" plötzlich weniger bedeutend erscheinen. Einheimische bieten geführte Township-Touren an (s. S. 35).

Und wer Kapstadt einmal besucht hat, kommt höchstwahrscheinlich wieder. Gute Aussichten also für die Kap-Metropole. Viele **historische Gebäude** erstrahlen nach aufwendigen Renovierungen in altem Glanz und überall in der Stadt entstehen **architektonische Perlen.** So auch das faszinierende moderne **Cape Town Stadium** in Green Point mit 55.000 Sitzplätzen, das einer Abalone, der hier im Meer heimischen Ohrschnecke, nachempfunden ist. 2023 fand rund um das Stadion ein Formel-E-Grand-Prix statt, Kapstadt soll nun regelmäßig Gastgeber des Rennzirkus sein.

Zubereitung der Township-Spezialität „Smileys" – dabei handelt es sich um gegarte Schafsköpfe

KURZ & KNAPP

Weiße, Schwarze und Farbige

Für Europäer mag es zunächst ein wenig irritierend sein, aber man unterscheidet am Kap zwischen Weißen, Schwarzen – und Farbigen. Menschen mit sowohl weißen als auch schwarzen Vorfahren, hauptsächlich am Kap heimisch, werden in Südafrika im Gegensatz zu den Schwarzen nämlich *coloureds*, also „Farbige", genannt.

Bevölkerung und Religion

Menschen verschiedenster Hautfarben und Religionen leben in Kapstadt friedlich nebeneinander. Die **kulturelle Vielfalt** auf engstem Raum überrascht zwar, ist aber typisch. **Kirchen** finden sich in Sichtweite von **Synagogen** und **Moscheen.** In der Long Street steht eine dieser Moscheen direkt neben einem *liquor store,* der Wein, Bier und Hochprozentiges verkauft. Das Zusammenleben funktioniert, allerdings ist es eher – wie gesagt – ein **„Nebeneinander"**. Aufgrund der Vergangenheit der „getrennten Entwicklung" *(apartheid)* ist Kapstadt heute noch immer ein bisschen wie New York, wo ethnische Gruppen in ihren jeweils eigenen Stadtteilen leben. Nur sind es anstelle von Iren, Chinesen und Italienern in Kapstadt eben Moslems, Juden, *coloureds,* Schwarze sowie Englisch und Afrikaans sprechende Weiße. Das von Marketingspezialisten oft beschworene fröhliche Miteinander von Schwarz und Weiß findet in der Realität eher selten statt. Trotz der Gegensätze gibt es aber auch Gemeinsamkeiten, eine davon: Menschen, die in Kapstadt wohnen und leben, möchten keinen anderen Ort auf der Welt ihr Zuhause nennen.

Tatort Kapstadt

Mordsmäßig spannend sind die Bücher einiger bekannter **Kapstädter Krimi- und Thriller-Autoren** und auch eines US-amerikanischen Autors, dessen Thriller mit seiner Handlung ebenfalls in Kapstadt angesiedelt ist – es gibt kaum eine bessere **Urlaubslektüre** für die Mother City. Die Romane sind eine authentische Möglichkeit, hinter die Kulissen der vermeintlichen Bilderbuchidylle Kapstadts zu blicken, dorthin, wo **Bandenkriminalität, Vergewaltigung und Mord** auf der Tagesordnung stehen.

„An dem Abend, als sie ausgeraubt wurden, speisten Roxy Palmer und ihr Mann Joe mit einem afrikanischen Kannibalen und seiner ukrainischen Hure." Liest man den ersten Satz des zweiten Romans („Blutiges Erwachen") von **Roger Smith**, ahnt man als Leser bereits, was einen erwartet: ein knallharter Krimi, der ausnahmsweise mal nicht in den USA oder Europa spielt, sondern in Kapstadt, allerdings **jenseits der Postkartenidylle.** Im Vergleich zu Rogers Büchern ist Dantes Inferno ein lauschiges Plätzchen.

Noch populärer, aber deutlich weniger blutrünstig, sind die an Kapstadt-Schauplätzen angesiedelten Romane von **Deon Meyer** (www.deonmeyer.com).

Weitere sehr lesenswerte südafrikanische Krimiautoren, deren Bücher ebenfalls zum Teil in Kapstadt spielen, sind **Michèle Rowe** (www.penguinrandomhouse.co.za/author/michele-rowe) und der Rechtsanwalt **Andrew Brown** (www.facebook.com/andrewbrownsa).

Aus den USA kommt der Autor einer weiteren Crime-Story mit Kapstadt-Hintergrund. Seit Jahrzehnten

108kp Abb.: dl

jagt **James Bond** Bösewichte in den schönsten und exotischsten Winkeln der Erde – bisher allerdings nie in Kapstadt. Im **007-Roman „Carte Blanche“** ist das anders, spielt dieser doch zum größten Teil vor der Kulisse des Tafelbergs. Das 37. Abenteuer des bekanntesten Geheimagenten der Welt entstammt der Fantasie von **Jeffery Deaver** (www.jefferydeaver.com). Der amerikanische Bestsellerautor liebt Kapstadt und macht seit vielen Jahren regelmäßig am südlichen Ende Afrikas Urlaub: „Passend zu Bond ist Cape Town sowohl exotisch als auch schön.“ Kein Wunder, dass über die Hälfte der Romanhandlung in der Mother City spielt. Wie man sieht, machen sich Verbrechen doch bezahlt ...

Wer seine fesselnde Urlaubslektüre nicht aus der Hand legen möchte, nimmt sie einfach mit auf einen Rundgang und besucht einige der Tatorte live; zum Beispiel den Pub Fireman's Arms (s. S. 69), in dem Benny Griessel, der Held aus Meyers „Icarus“, einen spektakulären Absturz erlebt; oder die St.-Martini-Kirche in der Long Street (s. S. 23), vor deren Portal in „13 Stunden“ der erste Tote gefunden wird – das ultimative Krimierlebnis und ein Stadtspaziergang der besonderen Art.

Roger Smith: der „härteste“ Thriller-Autor Südafrikas

Auswahl auf Deutsch erschienener Titel:

- **Andrew Brown:** Schlaf ein, mein Kind (2009, Cold Sleep Lullaby); Würde (2012, Refuge); Trost (2014, Solace); Teuflische Saat (2018).
- **Deon Meyer:** Der traurige Polizist (1999, Dead before Dying); Tod vor Morgengrauen (2000, Dead At Daybreak); Das Herz des Jägers (2003, Heart of the Hunter); Der Atem des Jägers (2007, Devil's Peak); 13 Stunden (2010, Thirteen Hours);); Icarus (2016, Icarus); Fever (2017); Beute (2020); Todsünde (2021)
- **Michele Rowe:** Kap der Lügen (2014, What hidden lies); Stunde der Dunkelheit (2018, Hour of Darkeness).
- **Roger Smith:** Kap der Finsternis (2009, Mixed Blood); Blutiges Erwachen (2010, Wake up Dead); Staubige Hölle (2011, Dust Devils); Mann am Boden (2017, Man down); Nirgendwo (2018, Nowhere)

149kp Abb.: dl

An- und Rückreise

Der **Cape Town International Airport (CTIA)**, liegt etwa 20 bis 30 Minuten Fahrzeit von der Kapstädter City entfernt. 2023 wurde CTIA zum achten Mal in Folge von der Vereinigung Airport Council International zum besten Flughafen Afrikas gekürt.

› **Cape Town International Airport,** Tel. 9371200, www.airports.co.za

Lufthansa fliegt **direkt nach Kapstadt.** Alle anderen Flüge führen über das **Star-Alliance-Drehkreuz Johannesburg**, wobei der Weiterflug mit South African Airways (SAA) erfolgt und nicht nur mit einem Zwischenstopp, sondern mit Umstieg und Zollabfertigung verbunden ist. Das Gepäck muss neu eingecheckt werden, die Gesamtreisezeit beträgt dann über 12 Stunden. Bei einem Nonstop-Flug sind es etwa 10 Stunden.

Condor fliegt von München, South African Airways, die mit Lufthansa kooperiert, mehrmals wöchentlich ab Frankfurt, Hamburg und München mit Zwischenstopp in Johannesburg nach Kapstadt. Die **Flugpreise** liegen in der Economy Class während der Nebensaison bei ca. 750 €. Günstig fliegt auch die staatlich subventionierte Air France nach Kapstadt, allerdings via Paris – und Johannesburg. Von London fliegt British Airways direkt nach Kapstadt.

› **Lufthansa,** www.lufthansa.de
› **South African Airways,** www.flysaa.com
› **Condor,** www.condor.com
› **Air France,** www.airfrance.de
› **British Airways,** www.britishairways.com

Vorseite: Pool mit Aussicht auf dem Dach des Radisson Hotels an der Waterfront (20)

Bei der **Ankunft** in Kapstadt sollte man nicht einfach in ein **Taxi** steigen, sondern auf jeden Fall vor der Fahrt einen Festpreis verhandeln (nicht mehr als 450 Rand pro Fahrt) oder gleich im Vorhinein einen Uber-Fahrer (s. S. 126) bzw. einen der **Airport Shuttles** buchen. Preise für Transfers vom Flughafen in die City oder ins Weinland liegen für zwei Personen zwischen 300 und 450 Rand. Die meisten Hotels und Gästehäuser bieten Transfers für ihre Kunden an.

› **Airport Shuttles:** www.vtransfers.co.za, www.supershuttles.co.za, www.capetowntaxi.co.za, www.on-the-go.co.za

Ausrüstung und Kleidung

Es gibt nichts, was es in Kapstadt nicht an Ausrüstung zu kaufen gibt. **Bekleidung**, vor allem im Freizeitbereich und lokal hergestellt, ist deutlich günstiger als bei uns. Wer eines der netteren **Restaurants** besuchen möchte, sollte aber mehr als T-Shirts und Turnschuhe einpacken.

Kapstadt demonstriert oft alle vier Jahreszeiten an einem Tag. **Pullover** und eine leichte **Goretex-Jacke** sind ratsam, vor allem für einen Ausflug ans Kap, wo öfter der Wind pfeift. Wer eine Wanderung plant, sollte **festes Schuhwerk** dabeihaben.

Autofahren

Das Fahren innerhalb Kapstadts macht Spaß, der Verkehr kann nur **zu Stoßzeiten** etwas hektisch werden. In der City herrscht allerdings **Parkplatzmangel**, alle Parkplätze sind kostenpflichtig und man kommt auch gut zu

Fuß voran. Der Trip zur Tafelberg-Talstation, zum Signal Hill oder gar nach Camps Bay wird aber ohne Auto zur anstrengenden Odyssee.

Parkplätze

Die Parkplätze in der Innenstadt sind vor allem zu den üblichen Stoßzeiten rar und tagsüber gebührenpflichtig (etwa 30 Rand pro Std.). Sogenannte *Parking Marshals,* die über die ganze Stadt verteilt zu finden sind und von der Stadt bezahlt werden, kassieren die **Parkgebühren** vorher ab. Wer länger als die vereinbarte Zeit parkt, zahlt bei ihm oder ihr nach.

Vor Restaurants tummeln sich nachts oft inoffizielle Parkwächter (zu erkennen an ihren gelben Westen), die ausschließlich von Trinkgeldern leben. Man gibt ihnen tagsüber 10 Rand, aber nachdem man zu seinem Fahrzeug zurückgekommen ist, nicht vorher.

Eine Spritztour über den Chapman's Peak Drive (39) ist ein einmaliges Erlebnis

Tankstellen

Die meisten Tankstellen in Kapstadt sind rund um die Uhr geöffnet. Das südafrikanische Zeichen für **bleifreies Benzin** ist die Farbe Grün. Diesel ist schwarz und Benzin *(LRP – lead replacement petrol)* für ältere Autos und Oldtimer ist rot markiert. In ganz Südafrika füllen uniformierte **Tankwarte** Benzin auf, prüfen auf Wunsch Reifenluftdruck, Wasser und Ölstand. Sie freuen sich über 10 Rand Trinkgeld. Fast alle Tankstellen akzeptieren Kreditkarten. Ein Liter Super/Diesel kostet um die 24 Rand (1,20 €).

MEIN TIPP

Nice to „miet" you

Cape Cobra Hire in Kapstadt hat einige der klassischen, amerikanischen Cobra-Replicas im Programm. Vermietet wird nicht nur das Gefährt, sondern auch, was laut durch die Achtzylinder-Motoren bollert. Oder wie die Veranstalter sagen: „Es gibt keine bessere Methode, die Nachbarschaft aufzuwecken".

•**149** [dg] **Cape Cobra Hire,** Tel. 083 3219193, www.capecobrahire.co.za

050kp Abb.: dl

Praktisch alle Tankstellen innerhalb Kapstadts haben **24 Std. geöffnet.** Die meisten verfügen außerdem über gut sortierte **Supermärkte** bzw. Shops, wo man nach dem normalen Geschäftsschluss noch prima einkaufen kann.

Fahrzeugvermietungen

Südafrika und insbesondere die westliche Kapprovinz sind ein typisches Individualreiseziel. Die meisten Besucher buchen Flug und Mietwagen im heimischen Reisebüro und starten dann zu ein- bis dreiwöchigen Erkundungsreisen. Öffentliche Verkehrsmittel sind nicht der Rede wert und Trampen keinesfalls empfehlenswert.

Kapstadt verfügt über zahlreiche Autovermietungen. Es ist empfehlenswert, bereits vor Reiseantritt eine Reservierung vorzunehmen. Südafrikanische Autovermietungen sind meist etwas günstiger als die internationalen Ketten und besitzen die neusten Modelle.

Achtung: Die meisten Autovermieter vermieten nur an Personen, die über 25 Jahre alt sind und einen Internationalen Führerschein bei sich haben.

- **Atlantic Car Hire,** Tel. 3850178, www.atlanticcarhire.co.za
- **Avis,** Tel. 086 1021111, www.avis.co.za, mehrere Filialen in der Stadt und am Flughafen
- **Britz & 4x4 Rentals,** Tel. 3850403, www.britz.co.za
- **Budget,** Tel. 4185232, www.budget.co.za

Mein Tipp

American Way of Drive

Der deutsche Motorradvermieter **Cape Bike Travel** vermietet neben Harley-Davidson Heritage Softail Classic und Electra Glide Ultra Classic auch BMW-Enduros wie die F 650 GS, die F 800 GS und die R 1200 GS. Ideale Untersätze für einen Trip ums Kap und entlang der Küstenstraße Chapman's Peak Drive.

- **Cape Bike Travel,** 125 Buitengracht, City, Tel. 084 6064449, www.capebiketravel.com

Wichtige Verkehrsvorschriften

- In Südafrika herrscht **Linksverkehr**, es darf nur rechts überholt werden.
- „Don't Drink and Drive." Die **Alkoholkontrollen** sind deutlich strenger geworden. Die Grenze liegt bei 0,5 Promille.
- **Kreuzungen** sind in Südafrika oft „four way stops", also mit vier Stoppschildern ausgestattet. Hier gilt „wer zuerst kommt, fährt zuerst", dann der Zweite, der Dritte usw. Das funktioniert erstaunlich gut.
- Für alle Fahrzeuginsassen gilt **Anschnallpflicht.**
- **Handybenutzung** ist im Auto nur mit Freisprechanlage erlaubt.
- Der Führerschein muss beim Fahren mitgeführt werden (in diesem Falle ein **Internationaler Führerschein**).
- **Geschwindigkeitsbeschränkung** auf Highways, Freeways und allen anderen Hauptstraßen in Südafrika ist 120 km/h, auf Landstraßen 100 km/h, in städtischen Gebieten normalerweise 60 km/h, falls nichts anderes angezeigt ist.
- In Südafrika ist es rechtswidrig, sein Fahrzeug auf der **anderen Straßenseite in Richtung des ankommenden Verkehrs** zu parken.
- Am **Kreisverkehr** haben die Fahrzeuge im Kreisverkehr Vorfahrt.
- An **Ampeln** kann bei Grün geradeaus gefahren und links abgebogen werden. Wer rechts abfahren möchte, muss beachten, dass der Gegenverkehr Vorfahrt hat.

- **Hertz,** Tel. 9354800, www.hertz.co.za, mehrere Filialen in der Stadt und am Flughafen
- **Value Car Hire,** Tel. 3867699, www.valuecarhire.co.za

Pannenhilfe

Bei einer normalen Panne wendet man sich an den Automobilclub von Südafrika. Bei einem Autounfall mit dem Mietwagen muss auf jeden Fall die örtliche Polizeistation verständigt werden.

- **Automobile Association Rescue,** Pannennotdienst (24-Std.-Dienst): Tel. 080 0010101
- **Traffic & Metro Police** (Polizei), Unfallmeldung unter Tel. 086 0765423 oder Tel. 107 (bzw. mit dem Handy 112)

‹ Tanken mit Vollservice – Standard an jeder Tankstelle in Kapstadt

Barrierefreies Reisen

Für Menschen mit einer Behinderung ist das Reisen in Südafrika gut möglich. Alle neueren **Hotels** sind mit Rampen und rollstuhlgerechten Zimmern ausgestattet. Lediglich bei den historischen Gästehäusern sieht es da noch nicht so gut aus. Die meisten **Restaurants** sind ebenfalls rollstuhlgerecht eingerichtet.

Bordsteinkanten sind abgesenkt und Ampeln in der City haben Tonzeichen für Menschen mit einer Sehbeeinträchtigung. Es gibt spezielle **Taxis**, die über ausfahrbare Rampen verfügen und auch die **Sightseeingbusse** können Rollstuhlfahrer befördern.

Selbst die **Strände** sind für Menschen mit einer Gehbehinderung nicht unerreichbar, denn an einigen kann man leichtgewichtige Aluminiumrollstühle mit riesigen Ballonrädern mieten, die leicht über den Sand und zum Schwimmen ins Wasser geschoben werden können. Am Strand selbst fungieren sie als Liegestühle. Die Rollis gibt es in der Hauptsaison von Dezember bis März an folgenden Stränden: Cliftons Fourth Beach, Muizenberg, Mnandi Beach, Camps Bay, Bikini Beach, Strandfontein Beach, Silverstroom Beach, Llandudno Beach, Fish Hoek Beach und Gordon's Bay.

Weitere Informationen über behindertengerechte Einrichtungen und Tipps erhält man bei:

- **SA National Council for the Blind,** Tel. 012 3461190, www.sancb.org.za
- **Independence Living Centre,** Tel. 011 7525648

Diplomatische Vertretungen

- **150** [E5] **German Consulate,** Roeland Park (e-tv Building), 4 Stirling St., Zonnebloem, Tel. 0027 (0)21 4053000, www.kapstadt.diplo.de, geöffnet: Mo.–Fr. 8.30–11.30 Uhr, Notfalltelefon außerhalb der Öffnungszeiten: Tel. 0027 (0)78 6080950
- **151** [F5] **Swiss Consulate,** Two Foreshore Place, 32nd floor, 2 Riebeek Street, Tel. 0027 (0)21 4007500, www.eda.admin.ch (Menü: Vertretungen/Länderauswahl/Südafrika/Schweizer Vertretungen in Südafrika), geöffnet: Mo.–Fr. 9–12 Uhr

Nur **Deutschland** und die **Schweiz** unterhalten in Kapstadt **Generalkonsulate.** Österreicher wenden sich an die:

- **Österreichische Botschaft,** 454 A Fehrsen St. (Eingang William St.), Brooklyn, Pretoria, Tel. 0027 (0)12 4529155, www.bmeia.gv.at/pretoria

Ein- und Ausreisebestimmungen

Deutsche, Österreicher und Schweizer benötigen für einen Aufenthalt von bis zu drei Monaten einen **Reisepass,** der über das Ausreisedatum hinaus **mindestens 30 Tage** gültig ist. Außerdem wird der Nachweis über ein Rückflugticket benötigt. Für Touristen ist kein Visum erforderlich. Informationen zu Arbeits- oder Studentenvisa erteilen die diplomatischen Vertretungen Südafrikas. Bei der Einreise muss der Reisepass noch mindestens **zwei freie Seiten** aufweisen.

Für die Reise mit Minderjährigen sind manchmal **zusätzliche Dokumente** nötig. Bitte infomieren Sie sich diesbezüglich auf der Website des Auswärtigen Amtes!

Einreise nach Südafrika

Außer der persönlichen Ausrüstung dürfen **zollfrei** nach Südafrika eingeführt werden: 400 Zigaretten, 50 Zigarren oder 250 g Tabak, 1 l Spirituosen, 2 l Wein, 250 ml Eau de Toilette und 50 ml Parfüm, Geschenke im Wert von bis zu 200 Rand.

Einreise nach Europa/ in die Schweiz

Bei der Rückreise gelten folgende Bestimmungen:

- **Tabakwaren** (über 17-Jährige in EU-Länder und CH): 200 Zigaretten oder 100 Zigarillos oder 50 Zigarren oder 250 g Tabak
- **Alkohol** (über 17-Jährige in EU-Länder): 1 l über 22 Vol.-% oder 2 l bis 22 Vol.-% und zusätzlich 4 l nicht-schäumende Weine und 16 l Bier; in die Schweiz: 2 l (bis 15 Vol.-%) und 1 l (über 15 Vol.-%)

- **Andere Waren** für den persönlichen Gebrauch (über 15-Jährige) bis zu einem Warenwert von 430 €, in die Schweiz bis CHF 300
- **Weitere Informationen** erhält man unter www.zoll.de, www.bmf.gv.at bzw. www.ezv.admin.ch.

Elektrizität

Die **Netzspannung** beträgt 220 Volt. Für südafrikanische Steckdosen braucht man einen **Adapter**, den man in vielen Läden und Hotels bekommt. Neuere Etablissements haben alternativ Eurostecker in den Wänden.

Geldfragen

Im internationalen Vergleich ist Kapstadt ein relativ **günstiges Reiseziel** – der Rand ist im Vergleich zum Euro schwach. Vor allem in guten **Restaurants** essen zu gehen, kostet deutlich weniger als in Deutschland. Und neben teuren Luxushotels locken **Bed-and-Breakfast-Unterkünfte** und **Gästehäuser** mit günstigen Angeboten. Auch der **Eintritt in Museen** ist mit wenigen Ausnahmen sehr günstig.

Ein **Rand** (R) ist unterteilt in **100 Cents.** Die fünf **verschiedenfarbigen Geldscheine** – 10 Rand (grün), 20 (braun), 50 (rot), 100 (blau) und 200 Rand (orange) – zeigen die „Big Five“: Nashorn, Elefant, Löwe, Büffel und Leopard. Seit 2013 findet sich das Porträt Nelson Mandelas auf der anderen Seite. Seither werden die Scheine meist *randelas* genannt. Oder man hört „give me a blue Mandela“.

Kreditkarten, vor allem Mastercard, Visa und Diners, werden fast überall akzeptiert. An einigen **Bankautomaten** vor größeren Bankfilialen kann auch mit Debitkarte bzw. Kreditkarte und PIN-Nummer Geld abgehoben werden. **Achtung:** An Tankstellen werden Kreditkarten nicht immer akzeptiert.

Viele Banken sperren die **Debitkarten** (auch Girocard genannt) aus Sicherheitsgründen für den **Einsatz im außereuropäischen Ausland** oder beschränken den Verfügungsrahmen. Außerdem statten einige deutsche Banken ihre Debitkarten mit der Bezahlfunktion **V PAY** aus, bei der nicht der kopierbare Magnetstreifen, sondern der Chip ausgelesen wird. Das hat zur Folge, dass an Bankautomaten in Südafrika mit solchen Karten kein Geld gezogen werden kann, da

Kapstadt preiswert

Mit die **schönsten Aktivitäten** in Kapstadt sind nicht nur erstklassig, sondern dazu auch noch kostenlos: auf den Lion’s Head 28 oder den Tafelberg 31 steigen, durch die Company’s Gardens 11 spazieren, den „Vibe“ der Long Street erleben oder sonnenbaden und schwimmen an den schönsten Stränden der Welt.

An **Feiertagen** wie dem Freedom Day oder dem Youth Day ist der **Eintritt** in alle 13 **Iziko-Museen** Kapstadts (s. S. 54) kostenlos. Am besten schaut man die genauen Tage auf den Websites der Museen nach.

In Kapstadts Winter, der „Green Season“, die von Mai bis September dauert, bieten die meisten **Restaurants** der Stadt supergünstige „Specials“ an, z. B. zu zweit essen und nur für das jeweils teurere Hauptgericht bezahlen.

Wechselkurs

1 Rand = 0,05 €/0,05 SFr
1 € = 20 Rand
1 SFr = 21 Rand

(Stand: September 2023, aktueller Kurs unter www.oanda.com)

die Automaten die Chips nicht lesen können.

Wer im Ausland mit seiner Debitkarte bezahlen oder Bargeld abheben möchte, sollte sich im Vorfeld bei seiner Bank erkundigen und die Karte ggf. für das Reiseland freischalten lassen.

Beim **Abheben von Bargeld** in Landeswährung wird manchmal angeboten, dass die Abrechnung mit dem eigenen Konto in Euro erfolgen kann. Das Verfahren ist als **Dynamic Currency Conversion (DCC)** bekannt. Wählt man diese Option, die ja sicherer erscheint, wird aber ein ungünstiger Wechselkurs zugrundegelegt, der erhebliche Kosten verursachen kann. Deshalb sollte man **Abhebungen immer in der Landeswährung** vom eigenen Konto abbuchen lassen. Dann legt die eigene Bank den offiziellen Devisenkurs zugrunde.

Touristen bekommen die in Südafrika gezahlten **14 % Mehrwertsteuer (VAT)** bei der Ausreise in ihrer Landeswährung **zurückerstattet.** Die erworbenen Güter müssen bei der Ausreise am Flughafen vorzeigbar (also nicht im Hauptgepäck) sein. Zurückerstattet wird ab einem Gesamteinkaufspreis von 250 Rand und zu jeder Ware muss eine **Steuerrechnung** *(tax invoice)* vorliegen, die der Verkäufer ausstellt. **VAT-Büros** gibt es an den Flughäfen von Kapstadt, Johannesburg und Durban.

Vor dem Einchecken geht man mit den Rechnungen und den Gütern zu dem ausgeschilderten VAT Refund Office, wo nach einer Kontrolle ein Scheck über den entsprechenden Mehrwertsteuerbetrag ausgestellt wird. Dieser kann nach dem Einchecken an einem weiteren VAT-Schalter eingelöst und in der jeweiligen Landeswährung ausgezahlt werden.

Gesundheitsvorsorge und Hygiene

Für Kapstadt müssen keinerlei gesundheitliche Vorsorgemaßnahmen getroffen werden. **Leitungswasser** sollte nicht zum Trinken verwendet werden. Die Sonneneinstrahlung ist vor allem im Sommer sehr intensiv, daher sollte man **Sonnenschutz** mit einem hohen Lichtschutzfaktor verwenden.

Informationsquellen

Infostellen in der Stadt

ⓘ**152** [E6] **Cape Town Tourism,** City Hall, 56 Darling St., Tel. 0027 (0)86 1322223, www.capetown.travel/contact, geöffnet: Okt.–März (Sommer) Mo.–Fr. 8–18, Sa. 8.30–14, So. 9–13 Uhr, April–Sept. (Winter) Mo.–Fr. 8–17.30, Sa. 8.30–13, So. 9–13 Uhr. Der erste Stopp für Touristen in der Mother City. Sehr gutes Infozentrum mit freundlichem Personal, Souvenirshop und Bistro. Außerdem Ticketverkauf und Hilfe bei Hotelbuchungen.

Die Touristinfo ist in der City Hall ❷ *untergebracht*

152kp Abb.: ©Michael C Turner, stock.adobe.com

Kapstadt im Internet

In Kapstadt gibt sehr viele Internetnutzer. Hotels, Gästehäuser, B&Bs und Restaurants haben sich auf den Trend eingestellt und bieten oft gut aufgemachte Websites mit Online-Buchung. Bei den Restaurants lässt sich so bereits zu Hause ein Blick in die Speisekarte werfen und ein Tisch buchen.

- **www.kapstadt.de, www.kapstadt.com, www.kapstadt.org:** informative allgemeine Internetseiten zu Kapstadt auf Deutsch
- **www.capetownmagazine.com:** Hier gibt es aktuelle Tipps zu allem, was wichtig ist. Eine der besten Websites zur Stadt.
- **www.facebook.com/CapeTownKids, www.capetownmagazine.com/to-do-kids:** Kapstadt für Kids
- **www.tablemountain.net:** Kapstadts Wahrzeichen, der Tafelberg, hat seine eigene Website.
- **www.wine.co.za:** Wer sich für die südafrikanischen Weine, Weingüter und Weinrouten interessiert, kann das Weinland hier virtuell erleben. Es gibt eine Suche nach Weinreben und -gütern, Tipps zum Kauf und Versand und Wein-News.
- **www.dining-out.co.za, www.restaurants.co.za:** Zum Wein darf das Essen natürlich nicht fehlen. Auf beiden Websites sind Kapstädter Restaurants gelistet. Man kann nach der Art des Restaurants auswählen und in die Speisekarten gucken.
- **www.sanparks.org:** Alle Unterkünfte in den südafrikanischen Nationalparks lassen sich online buchen. Hier gibt es Buchungsformulare und Informationen.
- **www.madameve.co.za:** Südafrikas bester Comicstrip „Madam & Eve" lässt sich hier erleben.

Kartenvorverkauf

- **Computicket,** Tel. 083 9158000, www.computicket.com. Die Institution, um in Kapstadt Tickets für große Events, Konzerte, Theatervorführungen, Festivals und Ausstellungen zu buchen, entweder online oder bei einer der Vorverkaufsstellen, die sich u. a. im Eingangsbereich aller Shoprite- und Checker-Supermärkte befinden.

Publikationen und Medien

Bei Cape Town Tourism (s. S. 108) in der City gibt es einige sehr gute kostenlose **Karten und Stadtpläne.** Zu den besten käuflichen Karten gehören die wasserdichten von Slingsby Maps, die online bestellt werden können. Es gibt drei Einzelkarten zum Tafelberg: **Table Mountain, Silvermine/ Hout Bay und Simonstown.**

› https://shop.tracks4africa.co.za/product-category/slingsby/slingsby_hiking

Die Lieblings-Kapstadtkarte des Autors ist die Faltkarte **Table Mountain & Cape Peninsula Adventures Road Map** von Map Studio, die alle Sehenswürdigkeiten und Aktivitäten im Park auflistet.

› www.mapstudio.co.za/product/table-mountain-road-map/

Es gibt zwei englischsprachige **Tageszeitungen** in Kapstadt, die Cape Times (www.capetimes.co.za), die jeden Morgen erscheint, und den **Cape Argus** (www.capeargus.co.za), der am Nachmittag mit den neusten Nachrichten folgt.

Time Out Cape Town (www.timeout.com/cape-town) veröffentlicht brandaktuelle Online-Tipps zu Sehenswertem und zu Veranstaltungen in der Mother City. Für Leute, die wissen wollen, was gerade in der Kapstadt-Szene absolut „in" ist.

Meine Literaturtipps

Es gibt eine ganze Reihe an Kapstadt-Krimis und -Thrillern, die sich bestens als spannende Reiselektüre eignen (s. S. 99). Außerdem sind noch zu empfehlen:

› **J. M. Coetzee:** „Schande" wurde mit John Malkovich in der Hauptrolle verfilmt – eine mit dem Nobelpreis gewürdigte, schonungslose und melancholische Beschreibung des kontemporären Südafrika. Taschenbuch, Fischer, Frankfurt.

› **James A. Michener:** Der Roman „Verheißene Erde" des amerikanischen Autors ist, obwohl es mit den Anti-Apartheid-Protesten in den 1980er-Jahren endet, eine prima Urlaubslektüre, da es die Anfänge der Kapkolonisierung anschaulich darstellt. Taschenbuch, Droemer Knaur, München (nur antiquarisch erhältlich).

Internet

Die Internetverbindungen in Kapstadt sind sehr gut ausgebaut. So bieten die meisten Hotels, Einkaufszentren, Museen und Galerien ihren Gästen kostenloses WLAN an. Coffeeshops wie **Vida e Caffe** (https://vidaecaffe.com) oder **Mugg and Bean** (www.muggandbean.co.za) und viele andere verfügen ebenfalls über WLAN.

Kostenfalle Datenroaming

Viele Reisende nutzen auch im Ausland eine **mobile Datenverbindung.** Dies ist jedoch häufig mit hohen Kosten verbunden. Man sollte daher vor der Reise bei seinem Netzbetreiber Informationen über evtl. günstigere Auslandsdatenpakete einholen oder zur Sicherheit die Mobile-Daten-Option deaktivieren und nur über kostenlose WLAN-Netze ins Internet gehen.

MEIN TIPP

Restaurantkritiken

Die beste Empfehlung für Feinschmecker, die Essen und Trinken in Südafrika intensiv erleben möchten, ist der jährlich im November/Dezember für das folgende Jahr erscheinende **„Eat out – The Restaurant Guide of SA“** im Magazinformat (105 Rand, erhältlich, wo es Zeitschriften gibt). Mit Hunderten der besten Restaurants auf knapp 180 Seiten ist „Eat out“ so etwas wie die Online- „Restaurantbibel“ des Landes. Dutzende von unabhängigen Kritikern kämpfen sich durch die Speisekarten und beschreiben Qualität und Ambiente.

Die Website zum Heft (www.eatout.co.za) ist ebenfalls sehr nützlich. Hier lassen sich Restaurants anklicken, man kann in die Speisekarten schauen und natürlich auch online buchen. Letzteres macht meist Sinn, da Kapstädter unheimlich gerne essen gehen und viele Restaurants daher ausgebucht sind. Neue Gastronomietempel, die es nicht mehr ins aktuelle Heft geschafft haben, werden außerdem virtuell beschrieben.

LGBT+

Kapstadt ist eines der Topreiseziele für LGBT+. Obwohl Homosexualität während der Apartheid verboten war, wurde sie in Kapstadt immer geduldet. Seit dem demokratischen Wandel sind die Rechte von Schwulen und Lesben fest in der Verfassung verankert. Südafrika gehört damit zu den LGBT-freundlichsten Ländern der Welt. Homosexualität ist generell akzeptiert und gleichgeschlechtliche Hochzeiten sind ein Bürgerrecht. Heute ist die Mother City, speziell im Viertel De Waterkant [E4], das „pinke Zentrum“ des Landes. Hier gibt es viele Kneipen, Bars, Hotels, Boutiquen und Fachgeschäfte.

MEIN TIPP

LGBT-freundlicher Touranbieter

Cape Fusion Tours veranstaltet Gourmettrips am Kap und ins Weinland.

› **Cape Fusion Tours,** Tel. 4612437, www.capefusiontours.com

› Das alljährliche MCQP – Mother City Queer Project – lockt nicht nur LGBT+, sondern die gesamte Bevölkerung an. Die „Mutter aller Partys“ wird jedes Jahr im Dezember veranstaltet und ist ein hedonistisches Highlight in Kapstadts Veranstaltungskalender (Facebook: MCQP).

153 [bg] **The Glen** €€€, 3 The Glen, Sea Point, Tel. 4390086, www.glenhotel.co.za. **Zwischen Beach und City Life:** LGBT-freundliches Spa-Hotel mit 11 eleganten Zimmern und Pool.

Medizinische Versorgung

Die medizinische Versorgung in Kapstadt ist auf gleichem oder sogar auf höherem Niveau wie die in Mitteleuropa. Private Krankenhäuser und Arztpraxen sind modern ausgestattet und kümmern sich intensiv und freundlich um ihre Patienten. Apotheken und Optiker sind ebenfalls vom Feinsten.

Krankenhäuser

Staatliche Krankenhäuser bieten zwar einen kostenlosen Service, sind aber meist überfüllt und die Wartezeiten können beträchtlich sein. Für Touristen empfehlen sich daher **private**

Krankenhäuser wie Medi-Clinic (www.mediclinic.co.za) oder Netcare (www.netcare.co.za).

Bezahlt wird mit **Kreditkarte**, die **Belege** werden zu Hause bei der eigenen Krankenversicherung eingereicht und verrechnet. Was genau erstattet wird, sollte man vor der Reise mit seiner Krankenkasse abklären.

Es empfiehlt sich der Abschluss einer **privaten Auslandskrankenversicherung**, die den eventuellen Rücktransport nach Hause einschließt.

Hier eine Auswahl zentraler privater Krankenhäuser:

⊕154 [dj] **Constantiaberg Medi-Clinic,** Burnham Road, Plumstead, Tel. 7992911

⊕155 [G5] **Netcare Christiaan Barnard Memorial Hospital,** Ecke DF Malan Street/Rua Bartholomeu Dias Plain, Foreshore, Tel. 4410000

⊕156 **Stellenbosch Medi-Clinic,** 1 Elsie du Toit Drive, Stellenbosch, Tel. 8612000

Private Ärzte/Zahnärzte

Die **gelben Seiten** listen alle privaten Arztpraxen beziehungsweise Zahnarztpraxen in Kapstadt auf. Man kann sie online unter www.yep.co.za aufrufen (dort im Suchfeld *medical practitioner cape town* eingeben).

Eine **Liste deutschsprachiger Ärzte** in Kapstadt findet sich auf der Website der Deutschen Vertretung in Südafrika:

› https://southafrica.diplo.de/sa-hilfe/2142760

☐ Nicht zuletzt dank der quietschbunten Strandhäuser ist der St. James Beach in Muizenberg ein gutes Ausflugsziel für Familien mit Kindern

Allgemeinmedizin

⊕157 [C8] **Dr. Hans Joachim Woermann,** Villa Maria Building, 3 Kloof Nek Road Tamboerskloof, Tel. 4232425

⊕158 [E2] **Dr. Marcus Brauer** (Reisemedizin, Arbeitsmedizin, Maritime Medizin), Suite 207, Level 2, Clock Tower Office Suites, V&A Waterfront, Tel. 4191888

⊕159 **Dr. Wolfgang Waschnig,** 2 School Road, Eerste River, Tel. 9045972

Zahnärzte

⊕160 [di] **Dr. Olaf A. Erlank,** 36A Bowood Rd., Claremont, Tel. 6830120

⊕161 [C7] **Dr. Uwe Esdar,** 1 Milner Road, Tamboerskloof, Tel. 4241992, 072 7825728

Apotheken

Es gibt zwei große Apotheken- bzw. Drogerieketten im Land, mit Hunderten von Filialen in fast allen Städten und Städtchen. Sie finden sich in jeder Shopping Mall und in jedem Einkaufszentrum. Da ist zum einen **Dischem** mit über 300 Zweigstellen in Südafrika. Noch verbreiteter sind die Läden von **Clicks,** Drogeriemärkte mit angegliederten Apotheken *(pharmacies)* und riesiger Produktauswahl.

› **Dischem,** www.dischem.co.za

› **Clicks,** www.clicks.co.za

Mit Kindern unterwegs

Kapstadt ist eine Großstadt, die für Kinder **erstaunlich viel zu bieten** hat. Südafrikaner lieben Kinder und die Kleinen stören eigentlich niemanden und nirgends. Die „Mini-Urlauber" können **Wale** und viele andere Tiere, die sie sonst nur aus dem Fernsehen oder dem Zoo kennen, sehen und **Berge, Meer, Sandstrände** und

063kp Abb.: dl

temperaturfreundliche Badefreuden in den **Gezeitenpools** rund um die Stadt genießen. Der Strand in **Muizenberg** [el] beispielsweise ist perfekt für Kids.

Die größeren **Hotels** und Selbstversorgerplätze sind meistens auf Kinder eingestellt. Bei den kleineren, eleganten Hotels und *guest houses* sollte man sich aber unbedingt im Voraus erkundigen, ob Kinder bei ihnen gern gesehen sind.

Cape Town Tourism unterstützt eine **Website**, die über Aktivitäten für Kinder informiert (www.facebook.com/CapeTownKids). Die kostenlos und jährlich neu aufgelegte **„Cape Town Kids Map"** gibt es bei Cape Town Tourism in der City. Sie listet übersichtlich alle Kinderaktivitäten – von Wanderrouten bis zu Bootsfahrten – in und um die Mother City, einschließlich des Weinlands und der Kaphalbinsel.

Wildlife

› **Boulders & Bettys Bay African Penguin Colonies** (s. S. 42). Die beiden einzigen „Pinguin-Festlandkolonien" der Welt.

•162 **Cheetah Outreach,** Paardevlei bei Somerset West, gegenüber Somerset Mall an der R 44, neben der N2, Tel. 8516850, www.cheetah.co.za, geöffnet: tägl. 10–17 Uhr, Mo.–Fr. 10 Rand, Sa., So. 5 Rand. Touren über das Gelände im Eintritt inbegriffen, je 10.30, 11.30, 12.30, 14.30 und 15.30 Uhr. Dauer etwa 1 Std. Aufzuchtstation für verletzte und konfiszierte, illegal gehaltene Wildtiere, hauptsächlich Geparden.

•163 [bm] **Higgeldy Piggeldy Animal Farm,** Imhoff Farm, Kommetjie Rd., Kommetjie, Tel. 7834545, www.imhofffarm.co.za, geöffnet: tägl. 9–17 Uhr. Eine willkommene Pause für große und kleine Kinder an der Kaphalbinsel. In dem Farmkomplex kann man Kamele und Esel

reiten, einkaufen und Bauernhoftiere streicheln.

- **Seal Island** (s. S. 46) und **V & A Waterfront** 20. Hier kann man Robben beobachten.
- **Two Oceans Aquarium** (s. S. 29). Sehr gut gemachtes Aquarium, in dem man u. a. im Aquarium tauchen kann.

•164 [bj] **World of Birds**, Valley Rd., Tel. 7902730, www.worldofbirds.org.za, tägl. 9–17 Uhr, Erw./Kinder 130/50 Rand, unter 3 Jahre frei. In Afrikas größtem Vogelpark finden sich über 3000 verschiedene Vögel vom Geier bis zum Kakadu und 400 weitere Tiere vom Stachelschwein bis zum Erdmännchen. Die „Federträger" finden sich in riesigen, begehbaren Volieren, die durch ein Netzwerk von Fußwegen verbunden sind. Es gibt keine Abgrenzung und die Besucher kommen den Tieren recht nahe. Tolle Fotomöglichkeiten. Der Park ist auch Auffangstation für verletzte Tiere und Tiere aus Gefangenschaft.

Aktivitäten

S165 [cj] **Acrobranch,** 1 Hout Bay Main Road, Constantia Nek, Tel. 086 9990369, www.acrobranch.co.za. Hier spielt sich alles in den Baumwipfeln ab. Ziplining, wacklige Seil-Hängebrücken, Swings und mehr. Eintritt ab 150 Rand.

•166 [bj] **Clay Cafe,** Hout Bay, Main Rd., gegenüber Bokkemanskloof Estate, Tel. 076 9174191, www.claycafe.co.za. Sowohl Kids als auch Erwachsene kommen hier auf ihre Kosten. Man wählt ein weißes Stück Tongeschirr aus, das dann quasi als leere Leinwand dient. Es gibt viele Farben zur Auswahl und der Kreativität sind keine Grenzen gesetzt. Danach wird gebrannt und glasiert, und ein paar Tage später können die Sachen abgeholt werden.

S167 **Cool Runnings Toboggan Family Park,** Carl Cronje Drive, Tyger Valley, Tel. 9494439, www.coolrunnings.capetown. Mit bis zu 40 km/h saust man hier eine Sommerrodelbahn hinunter. Der 1,25 Kilometer lange Ritt ist atemberaubend. Ein Spaß für die ganze Familie. Nicht für Kinder unter 3 Jahren. Ab 70 Rand pro Fahrt. Bei Regen geschlossen.

•168 [E2] **Jolly Roger Pirate Boat,** Quay 5, V & A Waterfront, Tel. 4210909, www.pirateboat.co.za, tägl. Ausfahrten, am Morgen Erw./Kinder 240/160 Rand, Afternoon Cruise 240/160 Rand; die Sunset Clifton Cruise 400/260 Rand beinhaltet freien Sekt und Drinks. Nicht nur für Kinder ist die Fahrt mit dem Piratenschiff in die Tafelbucht ein großer Spaß. Abfahrtszeiten nach Vereinbarung.

Museen

•169 [dh] **Cape Town Science Centre,** 370B Main Rd., Observatory, www.ctsc.org.za, Tel. 3003200, Mo.–Sa. 9–16.30 Uhr. Eine Welt der Entdeckungen mit 250 verschiedenen Ausstellungsinstallationen, Experimenten, Puzzles und Wissenschaftsspielen, einschließlich einem menschlichen Gyroskop und einem aufblasbaren Planeta-

Im Cheetah Outreach (s. S. 113) hat man ein Herz (nicht nur) für Geparden

rium. Eltern können im SciCafe relaxen, während die Kids spielend lernen. Eintritt: 80 Rand für Kinder und Erwachsene.

⓭ [D7] **Planetarium.** Ein Blick ins All mit kindergerechten Erläuterungen.

› **Toy Museum** (s. S. 56). Spielzeugmuseum, das neben Zinnsoldaten auch Puppen, Modellautos und eine elektrische Eisenbahnanlage zur Schau stellt.

Notfälle

170 [E7] **Cape Town Central Police Station,** Ecke Buitenkant/Albertus St., Tel. 4678079, www.saps.gov.za

› **Zentraler Notruf** (auch über Handy) für Polizei, Ambulanz, Feuerwehr: Tel. 112
› **Polizei:** Tel. 10111
› **Stadtpolizei** (*Cape Town Charge Office,* staatlich): Tel. 021 4678000
› **Stadtwache** (*Metro Protection Service,* privat): Tel. 021 4494336
› **Krankenwagen** *(Emergency Services):* Tel. 10177
› **Bergrettung** *(Mountain Rescue Services):* Tel. 021 9489900
› **Nationale Seerettung** *(National Sea Rescue):* Tel. 021 4493500
› **Notruf bei Schlangenbiss** *(Poison Crisis Centre):* Tel. 021 9316129

Kartensperrung

Bei **Verlust der Debit-/Giro-, Kredit- oder SIM-Karte** gibt es für Kartensperrungen eine **deutsche Zentralnummer** (unbedingt vor der Reise klären, ob die eigene Bank bzw. der jeweilige Mobilfunkanbieter diesem Notrufsystem angeschlossen ist). **Aber Achtung:** Mit der telefonischen Sperrung sind die Bezahlkarten zwar für die Bezahlung/Geldabhebung mit der PIN gesperrt, nicht jedoch für das **Lastschriftverfahren mit Unterschrift.** Man sollte daher auf jeden Fall den Verlust zusätzlich **bei der Polizei zur Anzeige bringen,** um gegebenenfalls auftretende Ansprüche zurückweisen zu können.

In **Österreich** und der **Schweiz** gibt es keine zentrale Sperrnummer, daher sollten sich Besitzer von in diesen Ländern ausgestellten Debit- oder Kreditkarten vor der Abreise bei ihrem Kreditinstitut über den zuständigen Sperrnotruf informieren.

Generell sollte man sich immer die **wichtigsten Daten** wie Kartennummer und Ausstellungsdatum **separat notieren,** da diese unter Umständen abgefragt werden.

› **Deutscher Sperrnotruf:** Tel. +49 116116 oder Tel. +49 3040504050
› **Weitere Infos:** www.kartensicherheit.de, www.sperr-notruf.de

Öffnungszeiten

Die üblichen **Ladenöffnungszeiten** sind werktags von 8.30 bis 17 Uhr und Sa. von 8.30 bis 13 Uhr. Einige Geschäfte und Shoppingcenter haben aber auch länger geöffnet, die Läden der Waterfront sind sogar sonntags offen.

Post

Die staatliche Post **SAPO** ist leider nicht empfehlenswert. Das System ist mehr oder weniger zusammengebrochen. Entweder dauert die Zustellung Monate, selbst innerhalb des Landes, oder die Sendung geht unauffindbar verloren.

Wer etwas verschicken will, wendet sich besser an eine der zuverlässigeren Filialen von **Postnet,** von denen es über 400 im Land gibt.

› www.postnet.co.za

Radfahren

In **Kapstadt** selbst ist es aufgrund des dichten Verkehrs und der Fahrweise der meisten Südafrikaner nicht unbedingt empfehlenswert, mit dem Fahrrad unterwegs zu sein. Es sei denn, man weiß, wo man hin will. Hierzu gibt es organisierte **Fahrradtouren** in der Stadt. Im **Naturschutzgebiet am Kap** oder auf den ausgeschilderten **Mountainbike-Trails** macht es allerdings richtig Spaß, durch die grandiose Natur zu radeln.

› **Radtouranbieter:** www.awoltours.co.za, www.bikesnwines.com, www.bikeandhike.co.za, www.bajabikes.eu

Sicherheit

Sicherheit ist ein in den internationalen Medien häufig diskutiertes Thema. Die Kriminalität in Kapstadt ist, wie in fast allen Großstädten der Welt, relativ hoch, findet allerdings zum größten Teil in den Townships statt. Auf bestimmte Dinge sollte man als Tourist **besonders achten: Townships** und **abgelegene Stadtteile sollte man nicht** auf eigene Faust besuchen, **Schmuck** und **Kameras** nicht offen tragen und nicht auf offener Straße in den **Stadtplan** starren, sondern lieber in einen Laden oder in ein Café gehen, um sich dort zu orientieren.

Kapstadt ist es gelungen, durch die Installation von Dutzenden von **Kameras** im Innenstadtbereich die Kriminaltätsrate um 90 Prozent zu senken. Die Zugriffszeiten auf Taschendiebe und Geldautomatenbetrüger liegen nun meist unter einer Minute! Ein Kontrollzentrum meldet den Fluchtweg von Tätern direkt an in der City **patrouillierende Polizisten.** Absolut sicher sind die großen Shoppingmalls wie die Victoria & Alfred Waterfront.

Auch auf die Gefahr hin, als unhöflich zu gelten, sollten Kapstadt-Besucher **keine Anhalter mitnehmen.** Das Risiko des *car hijacking* ist zu groß. Man sollte auch **keine Wertsachen** im geparkten Auto liegen lassen und das leere **Handschuhfach offen lassen.**

Der **Central City Improvement District** (CCID) ist eine nicht profitorientierte und staatlich geförderte private Organisation, die von Laden- und Hausbesitzern der Innenstadt ins Leben gerufen wurde, um Kapstadts City sicherer zu machen. Die privaten Sicherheitsleute mit ihren grüngelben Westen arbeiten eng mit der Polizei zusammen und patrouillieren 24 Stunden am Tag und sieben Tage die Woche durch die Innenstadt. Sie sind sehr sichtbar und stets präsent. Zur Abschreckung potenzieller Diebe überwachen sie die Geldautomaten und helfen Touristen bei der Orientierung oder im Falle einer Panne.

› **The Central City Improvement District (CCID),** Tel. 4191881, 24-Std.-Notfallnummer: 082 4157127, www.capetownccid.org

Sport und Erholung

Diverse spektakuläre **Strände** an der Kaphalbinsel rund um den **Table Mountain National Park** (s. S. 37) und der häufig wehende Wind locken **Surfer** und **Windsurfer** an. Das klare, aber kalte Wasser ermöglicht auch wunderbare **Tauchgänge**, allerdings nur mit dickem Neoprenanzug. Wer das Tauchen erlernen möchte, findet in Kapstadt mehrere Schulen.

Die gesamte Ausrüstung kann gemietet werden.

Einige Veranstalter bieten begleitete **Pferdetouren** (s. S. 43) im Park oder auch am Strand an und natürlich gibt es auch Mountainbike-Trails und Möglichkeiten zum Bergsteigen und -wandern. Wer größere Abenteuer sucht, sollte es mit **Abseiling** vom Tafelberg probieren. Adrenalinsüchtige werden direkt über die Kante zu einem 112 Meter tiefer liegenden Felsplateau abgeseilt, den Atlantik und die Häuser von Camps Bay praktisch zwischen den Beinen.

› **Abseiling** vom Tafelberg: Cape Extreme, www.capextreme.com, tägl. (wetterabhängig), 1050 Rand pro Person

Praktisch alle größeren Hotels und Gästehäuser in Kapstadt, die etwas auf sich halten, haben **Wellness** im Angebot und die zahlreichen Behandlungen sind im internationalen Vergleich relativ günstig. **Camelot** unterhält die meisten Wellnesszentren im Land. Unter www.camelotspagroup.com finden sich ausführliche Informationen und eine Liste mit Hotels, deren Spas von Camelot geführt werden.

Das indische **Taj Cape Town Hotel** hat ein ganz besonderes Wellnesszentrum, das **Jiva Spa,** wo indische Therapeuten das Personal monatelang ausgebildet haben.

Hier einige empfehlenswerte **Wellnessadressen** in Kapstadt:

•171 [bi] **12 Apostles Hotel,** Victoria Rd., Oudekraal, Tel. 4379000. An der Küstenstraße, am Fuße der Zwölf Apostel zwischen Camps Bay und Llandudno gelegen, mit Superaussicht auf Berge und Meer. Wellnesszentrum Sanctuary Spa in einer künstlichen Grotte. Behandlungen auch für Nichtgäste.

•172 [E3] **Glasshouse,** Silo District, Waterfront, Kapstadt, www.glasshouserejuvenation.com, Tel. 4199599 oder 4199598. Im Silo District gelegen, ein Spa für Männer und Frauen in Waterfrontnähe.

•173 [bg] **Yemaya Spa & Hair Addicts,** Aquarius Building, 87–91 Beach Rd., Mouille Point, Tel. 4392266, www.yemaya.co.za, geöffnet: Mai–Okt. Mo.–Sa. 8–20, So. 10–18 Uhr; Nov.–April Mo.–Sa. 6.30–22, So. 9–20 Uhr. Yemaya ist eine nigerianische Flussgöttin. Ein passender Name für ein Well-

Rund um die Kaphalbinsel und die False Bay gibt es reichlich Surf- und Kitespots

ness-Zentrum, das sowohl Frauen als auch Männern eine Fluchtmöglichkeit vor Stress gibt. Alles ist hier perfekt aufeinander abgestimmt: Beleuchtung, Musik, Düfte. Die Behandlungen umfassen westliche und östliche Methoden, unter Verwendung von Spitzenprodukten. Und der Yemaya Hair Salon sorgt für die passende Frisur nach der entspannenden Behandlung.

Ganz verallgemeinernd kann man sagen: Südafrikaner aller Hautfarben sind sportbegeistert. Die früher rein „weißen" Nationalsportarten sind **Rugby** und **Cricket. Fußball** *(soccer)*, einst „schwarzer" Township-Sport, gewinnt immer mehr an Bedeutung – vor allem seit der Fußballweltmeisterschaft, die 2010 zum ersten Mal in der FIFA-Geschichte auf dem Schwarzen Kontinent stattfand.

Tennisturniere und Grand-Prix-Rennen werden begeistert kommentiert. Erstmals wurde 1962 in Südafrika ein **Formel-1-Rennen** ausgetragen, zuletzt 1993 in Kyalami bei Johannesburg. Kapstadt setzt nun die Tradition fort: Auf einem Stadtkurs in Green Point wurde im Februar 2023 mit großem Erfolg das erste vollelektrische Rennen der Formel E in Afrika, der **Cape Town E-Prix** (www.capetowneprix.com), vor ausgebuchten Rängen ausgerichtet.

Sprache

Südafrika verfügt, wie bereits erwähnt, über eine sehr liberale Verfassung, was sich auch auf die offiziellen Sprachen im Land auswirkt. Jeder Stamm beziehungsweise jede Bevölkerungsgruppe bekommt in jedem Amt das gewünschte Formular in einer der **elf offiziellen Landessprachen** ausgehändigt. Neben Englisch und Afrikaans sind das folgende neun „schwarze" Sprachen: Zulu, Xhosa, Sotho, Tswana, Swazi, Northern Sotho, Tsonga, Venda und Ndebele. Kapstadt-Besucher kommen aber überall in Kapstadt mit **Englisch** durch.

Die Sprachhilfe am Buchende (s. S. 128) vermittelt außerdem ein paar Brocken **Afrikaans.**

Stadttouren

- **Historical Walking Tour,** Tel. 5116000, www.citysightseeing.co.za. Kombiniert mit dem City-Sightseeing-Bus gibt es entweder einen historischen Citywalk oder einen begleiteten Spaziergang durch Bo-Kaap (beide je 120/80 Rand Erw./Kinder). Besucher erfahren alles Wissenswerte zum Castle of Good Hope, der Grand Parade, der Slave Lodge, dem Parlamentsgebäude und dem District Six Museum.
- Der beste Tipp für eine Stadterkundung ist die Fahrt mit dem **City-Sightseeing-Bus** (s. S. 11). Am Township Imizamo Yethu (Haltestelle 22, blaue Route) kann zudem eine geführte Tour gebucht werden, was 90/50 Rand Erw./Kinder kostet. Auch ein **Canal Cruise** und eine Abendfahrt zum Signal Hill stehen zur Wahl (www.citysightseeing.co.za).
- **Artroute Cape Town** (s. S. 57)

Telefonieren

Die **Landesvorwahl** von Südafrika ist die **0027**, die Städtevorwahl von Kapstadt die 021. Bei einem Gespräch etwa von Deutschland nach Kapstadt wählt man die Landesvorwahl, die Städtevorwahl ohne Null und die jeweilige Rufnummer.

126kp Abb.: dl

Bei Telefonaten innerhalb Südafrikas wird **auch innerorts** die jeweilige **Städtevorwahl** mitgewählt. Bei allen Festnetz-Telefonnummern in diesem Buch muss also die **dreistellige Vorwahl 021** plus die **siebenstellige Anschlussnummer** gewählt werden. **Handynummern** starten mit dreistelligen Vorwahlen, die mit 08 oder 07 beginnen. Hier wird die Ortsvorwahl nicht mitgewählt.

Südafrika hat **Roaming-Abkommen** mit fast allen europäischen **Handynetzbetreibern.** Bei automatischer Netzwahl wird sich das Mobiltelefon in das Partnernetz Ihres Heimatanbieters einwählen. Wer viel telefoniert, dem sei eine lokale **Prepaidkarte** zu empfehlen. Damit umgeht man die mit den deutschen Karten anfallenden Kosten für eingehende Anrufe. Zu beachten ist allerdings, dass man mit der Karte eine **neue Nummer** hat und die **Gültigkeit** der südafrikanischen Prepaidkarten kurz ist. Das Startguthaben hat nur einen Monat Gültigkeit und erreichbar ist man mit der Karte ohne erneutes Aufladen nur insgesamt zwei Monate.

Anlegestelle der Canal-Cruise-Taxiboote auf dem Kanal an der Waterfront 20

Bei der Ankunft am Flughafen gibt es Möglichkeiten, SIM-Karten für das Handy **zu mieten.** Das kostet bei den drei südafrikanischen Netzanbietern Vodacom, MTN und Cell C etwa 60 Rand am Tag und knapp 25 Rand pro Minute (In-/Ausland). Abgerechnet wird über die Kreditkarte. Der Nachteil ist auch hier, dass man eine neue Rufnummer hat.

- **Vorwahl Kapstadt:** (bei Festnetznummern immer mitwählen): 021
- **Landesvorwahl Südafrika:** 0027 + Ortsvorwahl ohne Null + Rufnummer

Uhrzeit

Der **Zeitunterschied** zwischen Kapstadt und Mitteleuropa beträgt **eine Stunde,** d. h., wenn es in Deutschland 8 Uhr ist, ist es in Kapstadt bereits 9 Uhr. Während der Mitteleuropäischen **Sommerzeit** besteht **kein Zeitunterschied.** Kapstadt lässt sich im Gegensatz zu anderen internationalen Metropolen **ohne Jetlag** genießen.

Unterkunft

In Kapstadt und der näheren Umgebung gibt es einige stilvolle und außergewöhnliche Übernachtungsmöglichkeiten. Von **luxuriösen Hotels** über erst in den letzten Jahren populär gewordene und **Designer- und Boutiquehotels** bis zu kleinen, gemütlichen **guest houses** und **Bed-and-Breakfast-Lokalitäten**, die meist von ihren Besitzern selbst gemanagt werden, über nur wenige Zimmer verfügen und häufig in restaurierten, historischen Gebäuden untergebracht sind. Die meisten dieser Häuser sind mehr als Übernachtungsplätze, sie sind eigenständige „Reiseziele" und Sehenswürdigkeiten für sich.

Außerdem gibt es noch **Selbstversorgerapartments** mit kleinen Küchen für diejenigen, die gerne mal selbst kochen. Die Preise reichen von günstig bis teuer, wenn man gleich ein ganzes Haus mieten möchte. Am unteren Ende der Unterkunftspreisskala liegen die **Backpacker-Herbergen**, die neben den typischen Sammelunterkünften auch Doppelzimmer anbieten und trotz sehr niedriger Preise qualitativ überzeugen. Backpackers konzentrieren sich an den Hotspots der Stadt, vor allem in der Long Street und im Stadtteil Observatory.

Wer „abenteuerlustig" ist, kommt einfach an und versucht, direkt vor Ort eine Unterkunft zu finden, was in der Saison aber problematisch werden kann. Sind allerdings kurzfristig noch Zimmer frei, lassen sich die Preise, selbst für luxuriöse Etablissements, oft deutlich herunterhandeln. Hotelbesitzer verkaufen lieber zum Selbstkostenpreis, bevor ihre Zimmer leer stehen. Wem das zu unsicher ist, der sollte sein Bett vorher **reservieren.** Im Folgenden sind zu allen Übernachtungstipps Internetadressen genannt. Dort können die Zimmer in aller Ruhe angesehen und direkt gebucht werden. Auch Sondertarife in der Nebensaison finden sich neben aktuellen Preisen im Internet. Natürlich ist aber auch eine Hotelbuchung über die gängigen Buchungsportale möglich.

Hotels gibt es in Kapstadt in **allen Preisklassen.** Sie werden zwar mit ein bis fünf Sternen klassifiziert, die meisten kleineren Unterkünfte verzichten allerdings auf die offizielle Kategorisierung und erreichen trotzdem, oft aufgrund ihres sehr persönlich gehaltenen Services, ihres geschmackvollen Interieurs und der wunderschönen Lage locker „Mehrsterneniveau".

Buchungsportale

Neben Buchungsportalen für **Hotels** (z. B. www.booking.com, www.hrs.de oder www.trivago.de) bzw. für **Hostels** (z. B. www.hostelworld.com) gibt es auch Anbieter, bei denen man **Privatunterkünfte** buchen kann. Portale wie www.airbnb.de oder www.wimdu.de vermitteln Wohnungen, Zimmer oder auch nur einen Schlafplatz auf einer Couch. Diese oft recht günstigen Übernachtungsmöglichkeiten sind nicht unumstritten, weil manchmal normale Wohnungen gewerblich missbraucht werden. Einige Städte greifen deshalb regulierend ein.

Hotels

Stadthotels

174 [do] **Aha Simon's Town Quayside Hotel**€€, Simon's Town, Jubilee Square, St. George' St., Tel. 7863838, www.aha.co.za/quayside. **Maritim gelegen**: Das günstige Hotel bietet eine tolle Aussicht

über den Hafen von Simon's Town und die False Bay. Maritime Motive finden sich auch in der Dekoration der Zimmer. Von hier aus lässt sich Simon's Town mit seinen Shops prima zu Fuß erkunden.

175 [dh] **Double Tree by Hilton Cape Town** €€, Upper Eastside, Woodstock, 31 Brickfield Rd., Tel. 4040670, http://doubletree3.hilton.com. **Trendy und barrierefrei:** cooles, großes Hotel mit Fitness-Zentrum im Trendviertel Woodstock. Behindertengerecht.

176 [D8] **Ikhaya Lodge** €€, Dunkley Square, 8 Wandel St., Gardens, Tel. 4618880, www.ikhayalodge.co.za. **Safari in der City:** ein Gästehaus in der Stadt mit unerwartet afrikanischem Touch und so viel Grün drumherum, dass der Gast sich in einer tropischen Location wähnt. Rattanmöbel, gewebte Textilien und Kunsthandwerk tragen zum Safari-Feeling bei. Ikhaya heißt „Heim" auf Xhosa. Die entsprechenden Spezialitäten gibt es im Restaurant.

177 [E6] **Onomo Hotel Cape Town – Inn on the Square** €€, Greenmarket Square, City, Tel. 086 1000333, www.onomohotels.com. **Zentral und günstig:** Dieses in einem Art-déco-Haus untergebrachte 165-Zimmer-Hotel steht direkt am Greenmarket Square und mitten in der Stadt. Aufgrund der verkehrsberuhigten Innenstadt ist es auch in den Zimmern nicht laut. Alle Sehenswürdigkeiten der City liegen in Fußnähe. Das hausinterne Restaurant mit Außenterrasse bietet südafrikanische Küche an.

178 [E5] **Strand Towers** €€, Ecke Loop/Strand St., City, www.strandtowerhotel.co.za, Tel. 4317500. **Zweckmäßige Unterkunft:** citynah gelegenes Stadthotel mit guter Aussicht, vor allem von den Zimmern weiter oben. Das Flair ist gehobenes Jugendherbergsambiente.

179 [D3] **The Breakwater Lodge** €-€€, Portswood Rd., Tel. 4061911, www.marriott.com. **Eine Nacht in der Zelle:** preiswertes Hotel an der Victoria & Alfred Waterfront, das zur südafrikanischen Protea-Gruppe gehört. 300 kleine Zimmer in einem ehemaligen Gefängnis.

Preiskategorien

Die angegebenen Kategorien beziehen sich auf den ungefähren Preis für ein Doppelzimmer mit Frühstück.

€	bis 1200 Rand (bis ca. 60 €)
€€	1200–2500 Rand (ca. 60–120 €)
€€€	2500–4500 Rand (120–220 €)
€€€€	über 4500 Rand (über 220 €)

180 [D2] **The Dockhouse Boutique Hotel & Spa** €€€, Portswood Close, Portswood Ridge, V & A Waterfront, Tel. 4219334, www.newmarkhotels.com. **Exklusiver Blick auf den Hafen:** Das intimste Hotel an der Waterfront (sechs Zimmer) mit dem größten Stück Rasen in der Region steht oberhalb des Hafenviertels, wodurch man dieses prima vom Garten aus überblicken kann. Im 19. Jh. war das Dockhouse Wohnhaus des Hafenkapitäns, seither sind einige Millionen Euro ins Innendesign gesteckt worden. Wenn man im Garten sitzt, hat man das Gefühl, in einem Landhotel abgestiegen zu sein.

Boutiquehotels

181 [D6] **Daddy Long Legs** €€, 134 Long St., City, www.daddylonglegs.co.za, Tel. 4223074. **Übernachtung mit Motto:** übernachten in einer Art Kunstgalerie, jedes der 13 relativ kleinen Zimmer wurde von einem anderen südafrikanischen Künstler oder Designer gestaltet. Wer eine Krankenhausphobie hat sollte „The Emergency Room" meiden und dann lieber das „Far from Home" oder das „501" – für Fans der amerikanischen Jeans – buchen.

🏨182 [B3] **Dysart Boutique Hotel** €€, 17 Dysart Rd., Green Point, Tel. 4392832, www.dysart.de. **Stilvoll-modern**: Hotel in Geh- und Sichtweite zum Cape Town Stadium und Fan Walk. Deutscher Besitzer, der Kinderprogramme in den Townships unterstützt.

🏨183 [A3] **Head South Lodge** €€€, 215 Main Rd., Green Point, Tel. 4348777, www.headsouth.co.za. **Kinderfreie Zone:** untergebracht in einem Art-déco-Haus inmitten größerer Gebäude. Bei internationalen Filmcrews beliebtes Hotel, weil es so cool ist. Nur 15 Zimmer. Toller Service. Keine Kids unter 17. Nur wenige Gehminuten zur Waterfront und zum Cape Town Stadium.

🏨184 [C7] **Hippo Boutique Hotel** €€, 5–9 Park Rd., Gardens, Tel. 4232500, www.hippotique.co.za. **Einfach praktisch:** Alle 20 Zimmer sind mit Miniküche, Musikanlage und Safe, in den ein Laptop passt, ausgestattet. Außerdem ist sicheres Parken möglich. Bei Foto- und Filmteams äußerst beliebt. Restaurants im Haus und in Gehweite in der Kloof und Long Street.

🏨185 [bk] **Hout Bay Manor Hotel** €€€, Baviaanskloof, von der Main Road abgehend, Hout Bay, Tel. 7900116, www.houtbaymanor.com. **Das älteste Haus in Hout Bay:** Das Gebäude hat über die Jahre einige Metamorphosen durchgemacht und war immer mal wieder Hotel, aber nie ein besonderes – bis nach 18 Monaten Renovierung diese Perle von Boutiquehotel mit nach südafrikanischen Stämmen benannten und entsprechend dekorierten Zimmern (insgesamt 20) entstand. Im Haus befinden sich außerdem ein Wellnesszentrum und das ausgefallen eingerichtete Restaurant Azur, das auch Nichtgästen offen steht.

🏨186 [C7] **Protea Hotel Fire & Ice** €€, 198 Bree St., www.marriott.com/hotels/travel/cptcf-protea-hotel-fire-and-ice-cape-town, Tel. 4882555. **Klein, aber fein:** Das coole Hotel ist ein Designkunstwerk für sich. Das Restaurant serviert über ein Dutzend verschiedene Gourmet-Burger und Milchshakes. Die Standardzimmer sind zwar recht klein, aber super gestylt.

🏨187 [E3] **Silo Hotel** €€€€, Silo Square, V&A Waterfront, Tel. 6700500, www.theroyalportfolio.com/the-silo-hotel. **Absolut outstanding:** eines der ungewöhnlichsten Hotels Südafrikas. Es befindet sich gemeinsam mit dem Zeitz Museum 22 im umgebauten Komplex eines ehemaligen Getreidesilos. Dekor und Aussicht sind Weltklasse. Wer die sehr hohen Übernachtungspreise scheut, sollte zumindest auf der spektakulären Dachterrasse einen Sundowner genießen.

🏨188 [D7] **The Capital 15 on Orange** €€€, Orange St., City, www.thecapital.co.za/orange, Tel. 4698000. **Bei Licht besehen:** abgefahren und modern eingerichtetes, mit großer Liebe zum Detail dekoriertes Hotel. Die Aussicht auf den Tafelberg, die Company Gardens und die Stadt ist von den meisten Zimmern aus absolut atemberaubend. Abends ist das gesamte Hotel ein Lichtertraum. Allein schon wegen der Beleuchtung lohnt es sich, hier eine Nacht zu verbringen. Der City-Sightseeing-Bus (s. S. 11) hält alle 20 Minuten direkt vor der Tür. 5 Minuten zu Fuß in die Kloof- oder Long Street.

🏨189 [ch] **Three Boutique Hotel** €€€ ❀, 3 Flower St., Oranjezicht, Tel. 083 6725363, www.thethree.co.za. **Für die ganze Familie:** modernes Boutiquehotel mit eleganten Bädern, toller Poolanlage im Freien mit Rasen und wunderbarem Tafelbergblick. Citynah und ökofreundlich. Nur 15 Zimmer. Familienfreundlich.

Luxushotels

🏨190 [C8] **Belmond Mount Nelson Hotel** €€€€, 76 Orange St., Gardens, Tel. 4231050, www.mountnelson.co.za.

Echter Klassiker: Das über hundert Jahre alte „Pink Nellie" ist einer der Hotelklassiker Afrikas und beherbergt genauso viel Geschichte wie englisches Publikum.

191 [E3] **Cape Grace** €€€€, West Quay, Waterfront, www.capegrace.com, Tel. 4107100. **Leichtigkeit des Seins:** eines von Kapstadts schönsten Luxushotels. An der Waterfront gelegen und mit einer relaxten Atmosphäre auf hohem Niveau.

192 [D6] **Pepper Club** €€-€€€, Ecke Loop/ Pepper St., City, Tel. 8128888, www.pepperclub.co.za. **Boutiquehotel-Feeling:** Neben fairen Preisen überzeugt das Gesamtkonzept. Bei 260 Zimmern kann man zwar eigentlich nicht mehr

MEIN TIPP

Übernachten im Trailer Park

Eine der ungewöhnlichsten Übernachtungsmöglichkeiten in der Mother City: Auf dem Dach des Grand Daddy Hotel warten sieben silbern glänzende Airstream Caravans mit unschlagbarem Tafelbergblick auf Gäste. Die amerikanischen Kultklassiker wurden alle von verschiedenen lokalen Künstlern umgebaut und eingerichtet. Frühstück im Hotel, dessen Zimmer auch cool sind.

193 [E5] **Grand Daddy & Airstream Trailer Park** €€, 38 Long Street, Tel. 4247247, www.granddaddy.co.za.

Etwas außerhalb von Kapstadt findet sich der „ländliche" *Airstream Trailer Park* als Pendant zur Version in der Long Street. Die Einrichtung der silbernen Klassiker in der Old Mac Daddy Lodge ist noch wilder als beim städtischen Airstream Trailer Park. Wem der Wohnwagenpark in der Stadt gefällt, sollte den Ausflug aufs Land ebenfalls einplanen.

194 **Old Mac Daddy Lodge** €€, Elgin Valley, www.oldmacdaddy.co.za, Tel. 8440241. Anfahrt auf der N2 Richtung Osten über den Sir Lowry's Pass, nach dem Peregrine Farmstall auf der rechten Seite geht es 5 km weiter bis zum Abzweig in die Valley Road (rechts), auf dieser 8 km bis zur Lodge.

Themen-Wohnwagen in der Old Mac Daddy Lodge

056kp Abb.: om

von einem Boutiquehotel sprechen, aber durch das geschickte Dekor und die Architektur wirkt das Haus nicht groß und unpersönlich, sondern intim und individuell.

195 [bk] **Tintswalo Atlantic** €€€€, Chapman's Peak Drive, www.tintswalo.co.za. **Traumhafte Lage:** Dieses Hotel ist eine der romantischsten Lodges mit der wohl besten Lage in Südafrika: unterhalb vom Chapman's Peak Drive direkt am Atlantik. Das Bett für die Nacht ist ein Hit, das Essen ist ebenfalls exzellent und Besucher werden mit einem Glas Sekt auf der Terrasse direkt vor den Wellen willkommen geheißen. Luxus dieser Qualität ist natürlich nicht billig, aber den Preis wert. Wer nicht übernachten möchte, kann die Aussicht bei Dinner oder Lunch im hauseigenen Restaurant genießen.

Guesthouses/ Bed and Breakfast

196 **Cape Edelweiss** €€, 1 Vermeer Rd., Somerset-West, Tel. 076 8312576, www.cape-edelweiss.com. **Mit herrlichem Berg- und Meerblick:** Vor einigen Jahren schon fanden Diana (D) und Stefan (CH) eine neue Heimat in Südafrika. Sie kauften ein kapholländisches Haus und bauten es zum exklusiven B&B um. Das reetgedeckte Anwesen steht auf einem großen Grundstück. Das Haus ist gegen das lästige Loadshedding (s. S. 96) gesichert. Lounge mit Bar für Gäste und 12 m langer Pool. Vier kürzlich renovierte, geräumige Zimmer.

197 [C7] **Parker Cottage** €€, 1 & 3 Carstens St., Tamboerskloof, Tel. 4246445, www.parkercottage.co.za. **Wohlfühl-Atmosphäre:** Zwei gemütliche, 1895 erbaute viktorianische Stadthäuser wurden umweltfreundlich renoviert und, nachdem ein paar Wände durchbrochen waren, miteinander verbunden.

Kleine, aber feine und günstigere Unterkünfte für **Selbstversorger** finden sich auf folgenden Websites:

- › www.capestay.co.za
- › www.sa-venues.com
- › www.wheretostay.co.za

Apartments/Häuser

•198 [F4] **Harbour Bridge Hotel & Suites** €€, Harbour Bridge, Waterfront, Tel. 4319202, https://aha.co.za/harbourbridge. **Am Rande der Waterfront gelegen**: Von den Apartments aus ist die Waterfront per Taxiboot auf dem Kanal zu erreichen. In Gegenrichtung liegt das Cape Town International Convention Centre (CTICC). Modern-coole Einrichtung.

199 [dg] **WEX1** €€, 85 Albert Rd., Woodstock, Tel. 073 7788916, https://perchstays.co.za/wex1. **Cool und überraschend günstig:** Apartmenthaus für Selbstversorger mitten im Kultviertel Woodstock, Pool mit Aussicht.

Backpacker

200 [C8] **Ashanti Lodge** €, 11 Hof St., Gardens, Tel. 4238721, www.ashanti.co.za. **Unterkunft für alle:** sowohl für Gruppenmenschen, die gerne Küche, Pool und Bar miteinander teilen, aber auch für individuelle Reisende, die ihre Privatsphäre schätzen. Es gibt sowohl sehr günstige Mehrbettzimmer, als auch „normale" DZ.

201 [D6] **Long Street Backpackers** €, 209 Long St., City, Tel. 4230615, www.longstreetbackpackers.co.za. **Begegnungszentrum:** absolut zentral gelegen. Schlafräume, DZ und EZ sowie 16 Badezimmer. Bekannt als Partyzentrum und ideal für Jüngere.

202 [C7] **Villa Viva** €, 74 New Church St., Tamboerskloof, Tel. 4234530, www.backpackers.co.za. **Gute Connections:** sehr günstig, aber trotzdem stilvoll gemacht, mit afrikanisch dekorierten Zimmern. Die Angestellten kennen Kapstadt wie ihre Westentasche. Schlafräume und normale DZ.

Verkehrsmittel

Die meisten Kapstädter haben eine Aversion gegen öffentliche Verkehrsmittel. Erst bei der Fußball-WM 2010 sah man viele Südafrikaner zum ersten Mal in ihrem Leben in einen Bus steigen. Der Großteil der schwarzen Bevölkerung ist täglich auf rasende **Minibustaxis** oder überfüllte **Nahverkehrszüge** angewiesen. Touristen sind beide allerdings nicht zu empfehlen.

Wer die etwas weiter vom Cityzentrum entfernten Sehenswürdigkeiten entdecken möchte, wird nicht darum herumkommen, sich ein **Fahrzeug zu mieten** (s. S. 104). Aber keine Angst: Der Berufsverkehr ist in Kapstadt lange nicht so hektisch wie in anderen Großstädten der Welt.

Busse

Das **MyCiti-Bussystem** ist auf internationalen Niveau. Die modernen, behindertenfreundlichen Busse verkehren in verschiedenen Tarifzonen, die uhrzeitabhängig kalkuliert werden. Von der Waterfront 20 aus lassen sich ganz einfach der Blouberg Beach 42 oder Camps Bay 26 und Hout Bay 40 an der Atlantikküste erreichen.

Der Tagespass auf allen Strecken kostet 80 Rand. An zahlreichen Verkaufstellen bei den Haltestellen erwirbt man zunächst die **myconnect-Karte für 35 Rand** (www.myciti.org.za). An jeder MyCiti-Station lässt sich diese nun mit Rand aufladen. Beim Ein- und Aussteigen wird die **Magnetkarte** dann gegen ein Terminal gehalten und der jeweils fällige Tarif wird automatisch abgebucht. Das System kalkuliert sowohl die gefahrene Strecke als auch die Uhrzeiten. Am besten die MyCiti App (s. S. 143) aufs Handy runterladen.

› **MyCiti,** www.myciti.org.za

Die orangefarbenen und nicht sehr bequemen **Golden-Arrow-Busse** fahren zwar seit nunmehr über 160 Jahren in der ganzen Stadt und den Vororten herum.

› **Golden Arrow Buses,** Tel. 9378800, www.gabs.co.za, etwa 30 Rand pro Fahrt

Bushaltestelle der MyCiti-Busse an der Waterfront

Eine gute Wahl für Kapstadtbesucher, auch nur zum Überbrücken von Distanzen, ist der touristische **City-Sightseeing-Bus** (s. S. 11), der auf zwei Routen (rot und blau) verkehrt.

Taxis

Der Begriff **„Taxi"** kann in Kapstadt so ziemlich alles bedeuten: vom wilden, unsicheren und überfüllten Minibus bis zum sauberen bequemen London-Taxi mit Taxameter und geregelten Tarifen, die etwa 15 Rand pro Kilometer ausmachen.

In der Regel werden Taxis **bestellt**, freie Taxis halten aber auch im Straßenverkehr, wenn man sie **heranwinkt. Zentrale Wartezonen** sind an der Waterfront, am Bahnhof und vor großen Hotels. Auch der Fahrdienstleister **Uber** ist in Kapstadt aktiv.

- **Unicab,** Tel. 4861610, www.unicab.co.za
- **Excite,** Tel. 4184444, www.excitetaxis.co.za
- **The Green Cab**, Tel. 4180982, www.thegreencab.co.za, mit Flüssiggas betriebenes, umweltfreundliches Taxi
- **Uber,** www.uber.com

Von einer Fahrt in den meist überfüllten **Minibussen** wird abgeraten. Diese sind häufig in Unfälle verwickelt und verkehren hauptsächlich zwischen der City, den Vororten und den Townships, die man sowieso nicht auf eigene Faust besuchen sollte.

Wetter und Reisezeit

Südafrika liegt in der südlichen Hemisphäre, die **Jahreszeiten** sind also denen auf der Nordhalbkugel **entgegengesetzt.**

Dezember und Januar sind Hauptferienzeit und viele südafrikanische Touristen möchten dann in Kapstadt Urlaub machen. Die schönsten Tage in Kapstadt liegen im **„Süd-Herbst"** (zwischen Mai und Juni), dann ist es tagsüber warm und nachts kühl. Wanderer ziehen diese Zeit und den **„Süd-Frühling"** (Ende August bis Ende September) vor. **Anfang Juli bis Ende September** kann es in Kapstadt recht kalt und feucht sein, in der Kapregion ist das die **Green Season.** Dann regnet es häufig, zwischendurch scheint aber auch die Sonne, alles blüht und sprießt und in den Restaurants und *guest houses* gibt es Glühwein am offenen Kaminfeuer und eine heimelige Atmosphäre. Die Bekleidung richtet sich nach den Jahreszeiten: leichte, luftdurchlässige Textilien, dazu ein Pullover und festes Schuhwerk für Wanderungen, im Winter ein Goretex-Anorak.

Wetter in Kapstadt

Durchschnitt	Jan	Febr	März	Apr	Mai	Juni	Juli	Aug	Sept	Okt	Nov	Dez
Maximale Temperatur	26°	26°	25°	23°	20°	18°	17°	18°	19°	21°	24°	25°
Minimale Temperatur	16°	16°	14°	12°	9°	8°	7°	8°	9°	11°	13°	15°
Regentage	3	3	3	6	8	10	9	9	7	5	3	3
Wassertemperatur	18°	19°	19°	18°	17°	16°	15°	14°	15°	16°	17°	18°

006kp Abb.: dl

Kleine Sprachhilfe Afrikaans

Die meistgesprochenen Sprachen in Kapstadt sind Afrikaans, Englisch und Xhosa. An vierter Stelle folgt skurrilerweise Deutsch. Kein Wunder, es leben über 100.000 „hängen gebliebene“ Deutsche in der Mother City.

Für einen tieferen Einstieg in die Sprachen Südafrikas seien an dieser Stelle die Reisesprachführer „Afrikaans – Wort für Wort “ (Kauderwelsch-Band 23), „Xhosa – Wort für Wort“ (Kauderwelsch-Band 157) und „Zulu – Wort für Wort“ (Kauderwelsch-Band 224) aus dem Reise Know-How Verlag empfohlen.

Ausspracheregeln

a, e, i, ö, u, ü, o und *y*	wie im Deutschen ausgesprochen
e	sehr offenes ä, wie in Ähre, manchmal auch kurz wie in Bitte
g	wie ch
ee	langes e wie in See
ou, eu	zwei Vokale hintereinander werden für sich betont

Deutsche Muttersprachler bekommen schnell ein Gehör für die einzige germanische Sprache, die ihren Ursprung in Afrika hat.

Die wichtigsten Wörter

ja	ja
nee	nein
goed	gut
asseblief	bitte
dankie	danke
Ek praat nie Afrikaans nie.	Ich verstehe kein Afrikaans.

Begrüßung und Höflichkeiten

Tot siens.	Auf Wiedersehen.
Plesier!	Keine Ursache!
Ekskuus.	Entschuldigung.
Verskoon my!	Entschuldigen Sie!
Goeienag.	Gute Nacht.
Goeienaand.	Guten Abend.
Goeiemôr.	Guten Morgen.
Goeiedag.	Guten Tag.

Zahlen

0	*nul*
1	*een*
2	*twee*
3	*drie*
4	*vier*
5	*vyf*
6	*ses*
7	*sewe*
8	*ag, agt*
9	*nege*
10	*tien*
11	*elf*
12	*twaalf*
13	*dertien*
14	*veertien*
15	*vyftien*
16	*sestien*
17	*sewentien*
18	*agtien, agttien*
19	*negentien*
20	*twintig*
21	*een-en-twintig*
22	*twee-en-twintig*
30	*dertig*
40	*veertig*
50	*vyftig*
60	*sestig*
70	*sewentig*
80	*tag(gen)tig*
90	*negentig*
100	*(een) honderd*

+++ Die wichtigsten Wörter mit dem Bonus-Audiotrack des Kauderwelsch-

101	*honderd en een*
1000	*duisend*
100.000	*honderd duisend*
1.000.000	*een miljoen*
1.000.000.000	*'n miljard*

Monate

Januarie	Januar
Februarie	Februar
Maart	März
April	April
Mei	Mai
Junie	Juni
Julie	Juli
Augustus	August
September	September
Oktober	Oktober
November	November
Desember	Dezember

Wochentage

Maandag	Montag
Dinsdag	Dienstag
Woensdag	Mittwoch
Donderdag	Donnerstag
Vrydag	Freitag
Saterdag	Samstag
Sondag	Sonntag

Fragewörter

wat?	Was?
wie?	Wer?
waar?	Wo?
hoe?	Wie?
hoe laat is dit?	Wie spät ist es?
waroom/hoekom?	Warum?
wanneer?	Wann?
hoeveel?	Wie viel?
aarheen?	Wohin?

Unterwegs

links	nach links
regs	nach rechts
reguit	geradeaus
naby	nah
wyt	weit
toegang	Eingang
uitgang	Ausgang
Verskoon my, waar is ...?	Entschuldigung, wo ist ...?
bagasie	Gepäck
huis	Haus
stasie	Bahnhof
lughawe	Flughafen
brug	Brücke
passpoort	Pass
perron	Bahnsteig
trein	Zug
stopplek	Haltestelle
motor	Auto
vliegtuig	Flugzeug
kruising	Kreuzung
toilet	Toilette

Einkaufen

winkel	Geschäft/Laden
botter	Butter
brood	Brot
broodrolletjie	Brötchen
melk	Milch
kaas	Käse
eiers	Eier
vleis	Fleisch
wors	Wurst
vis	Fisch
groente	Gemüse
vrugte	Obst
dranke	Getränke
Wat kos dit ...?	Wie viel kostet ...?

Restaurant

tafel	Tisch
bord	Teller
glas	Glas
koppie	Tasse
lepel	Löffel
vurk	Gabel
mes	Messer

ontbyt	Frühstück
middagete	Mittagessen
aandete	Abendbrot

Ontbyt — Frühstück

gekookte eiers	gekochte Eier
omelet	Omelett
roereiers	Rühreier
eiers en spek	Eier und Speck
gebakte eiers	Spiegeleier
ham	Schinken
rogbrood	Schwarzbrot
roosterbrood	Toast
wors	Wurst
koue vleis soorte	Aufschnitt
heunig	Honig
konfyt	Marmelade

Soppe — Suppen

uiesop	Zwiebelsuppe
groentesop	Gemüsesuppe
tamatieroom	Tomatensuppe
hoendersop	Hühnerbrühe
vermicellisop	Nudelsuppe

Vleis — Fleischgerichte

kalf	Kalb
vark	Schwein
frikadelle	Bulette, Fleischküchle
hoender	Hühnchen
springbok	Springbock
wildsvleis	Antilopenfleisch
skaap	Hammel, Schaf
lam	Lamm
bees	Rind
os	Ochse
gebraaide (varkvleis)	(Schweine-)Braten
haas	Filet
lewer	Leber
niere	Nieren
bredie	Ragout
skyf	Steak
filetskyf	Filetsteak
beesbraad	Roastbeef

pannerde kalfsvleis	Wiener Schnitzel
droëwors boerewors	luftgetrocknete (Bratwurst)
boerewors roll	Südafrikanischer Hotdog
weense worsies	Wiener Würstchen

Vis en Seekosse — Fisch und Schalentiere

forel	Forelle
haring	Hering
snoek	Seehecht
karp	Karpfen
salm	Lachs
skelvis	Schellfisch
skol	Scholle
tongvis	Seezunge
tuna	Thunfisch
inkvis	Tintenfisch
garnaal	Garnelen
kreef	Hummer
krap	Krabbe
mossels	Muscheln
oesters	Austern

Nageregte — Nachspeisen

pannekoek	Pfannkuchen
roomys	Eis
ingelegde vrugte	Kompott
vrugteslaai	Obstsalat
poeding	Pudding
tert	Torte
vla	Vanillesoße

Bylae — Beilagen

aartappels	Kartoffeln
vermicelli	Nudeln
rys	Reis
skyfies	Pommes frites

Slaai — Salate

gemengde slaai	gemischter Salat
groen slaai	grüner Salat
tamatieslaai	Tomatensalat

Spesery en Toevoegsel	Gewürze und Zutaten
suiker	Zucker
peper	Pfeffer
sout	Salz
asyn	Essig
olie	Öl

Dranke	Getränke
tee	Tee
koffie	Kaffee
... met melk	... mit Milch
... met slagroom	... mit Sahne
koeldranke	Limonade
bier	Bier
lemoensap	Orangensaft
wyn	Wein
mineraalwater	Mineralwasser
... met/ ...	... mit ...
... sonder ...	... ohne ...
... koolsuur	... Kohlensäure

Notfall

Hulp!	Hilfe!
arts	Arzt
apteek	Apotheke
medikament	Medikament
ambulans	Krankenwagen
polisie	Polizei
hospitaal	Krankenhaus
ongeval	Unfall

Unterkunft

kamer	Zimmer	*badkamer*	Bad
sleutel	Schlüssel	*stortbad*	Dusche

Het u nog 'n kamer beskikbaar?	Haben Sie noch ein Zimmer frei?
Wat kos 'n kamer met badkamer?	Wie viel kostet ein Zimmer mit Bad?

Kapstadt Slang-Lingo

awê	Begrüßung, ähnlich wie „How do you do?", oder eine bejahende Antwort wie „Awê, my bru" („Wie geht es dir, mein Kumpel.")
ayoba	Ein Ausdruck, der „echt?", „sicher?" oder „wirklich?" bedeuten kann oder eine Begrüßung
bergie	Beschreibung für obdachlose Personen in Kapstadt, die seit Beginn der Besiedlung am Berg gelebt haben
bru	Ein erwachsener Mann, informelle Bezeichnung für einen Freund
chop	Ein leckeres Stück Fleisch vom Schwein oder Lamm, das auf den *braai* (Grill) kommt. Oder ein Schimpfwort für eine irritierende, aber harmlose Person. Anwendung: „Awê, my bru. We're throwing a few chops on the braai tonight. Want to come?" – „Did you see John's new hairstyle? Man, he looks like such an chop."
eina	Afrikaans-Wort für „Aua", „Autsch" oder ein Ausdruck der Sympathie, wie in: „You got a R500 speeding ticket? Eina!"
howzit	Kurzform von „How is it?", wird aber als Feststellung, nicht als Frage gebraucht
lekker	Afrikaans-Wort für eine Süßigkeit, aber auch eine Beschreibung für alles, was angenehm ist. „Shot, bru. That was a lekker party."
shot	Bestätigung oder Ansporn. „Your car looks great. Shot bru!"
skinner	Skandalöse Nachrichten oder die Kunst des Tratschens: „Bru, do I have a hot bit of skinner for you?"

Zugspitze. Foto: Aneta Niemitz

Register

Impressum

Dieter Losskarn

CityTrip Kapstadt

© Reise Know-How Verlag
Peter Rump GmbH
5., neu bearbeitete und aktualisierte Auflage 2024

ISBN 978-3-8317-3779-6

Druck und Bindung:
mediaprint solutions GmbH, Paderborn

Herausgeber: Klaus Werner
Layout: amundo media GmbH (Umschlag, Inhalt), Peter Rump (Umschlag)
Lektorat: amundo media GmbH
Karten: Ingenieurbüro K. Wendler, amundo media GmbH
Anzeigenvertrieb: KV Kommunalverlag GmbH & Co. KG, Alte Landstraße 23, 85521 Ottobrunn, Tel. 089 928096-0, info@kommunal-verlag.de
Kontakt: Osnabrücker Str. 79, 33649 Bielefeld, info@reise-know-how.de

Alle Angaben in diesem Buch sind gewissenhaft geprüft. Preise, Öffnungszeiten usw. können sich jedoch schnell ändern. Für eventuelle Fehler übernehmen Verlag wie Autor keine Haftung.

Bildnachweis

Umschlagvorderseite: ©Ignus, stock.adobe.com | Umschlagrückseite: ©Roma, stock.adobe.com
Umschlagklappe rechts: Dieter Losskarn
Soweit ihre Namen nicht vollständig am Bild vermerkt sind, stehen die Kürzel an den Abbildungen für die folgenden Fotografen, Firmen und Einrichtungen. Dieter Losskarn: dl | dreamstime.com: dr | Old Mac Daddy Lodge: om
Guido Schwarz: gs

Liste der Karteneinträge

Beeindruckendes Farbenspiel am Abendhimmel von Hout Bay 40

137kp Abb.: dl

Hier nicht aufgeführte Nummern liegen außerhalb der abgebildeten Karten. Ihre Lage kann aber wie die von allen Ortsmarken im Buch mithilfe der Web-App angezeigt werden (s. S. 143).

Zeichenerklärung

- Hauptsehenswürdigkeit
- [A7] Verweis auf Planquadrat im City-Faltplan
- Arzt, Apotheke, Krankenhaus
- Bar, Bistro, Club, Treffpunkt
- Café
- Denkmal
- Fischlokal
- Galerie
- Geschäft, Kaufhaus, Markt
- ▲ Gipfel
- Hotel, Unterkunft
- Imbiss
- Informationsstelle
- Jugendherberge, Hostel
- Kino
- Kirche
- Kneipe, Pub, Biergarten
- Leuchtturm
- Moschee
- Museum
- Musikszene, Disco
- Pension, Bed and Breakfast
- Polizeistation
- Post
- Restaurant
- ★ Sehenswürdigkeit
- ● Sonstiges
- Synagoge
- Sporteinrichtung, Wellness
- Theater
- Stadtspaziergang (s. S. 13)
- Shopping-, Gastro- und Nightlife-Areal

Bewertung der Sehenswürdigkeiten

- ★★★ auf keinen Fall verpassen
- ★★ besonders sehenswert
- ★ wichtige Sehenswürdigkeit für speziell interessierte Besucher

Kapstadt mit PC, Smartphone & Co.

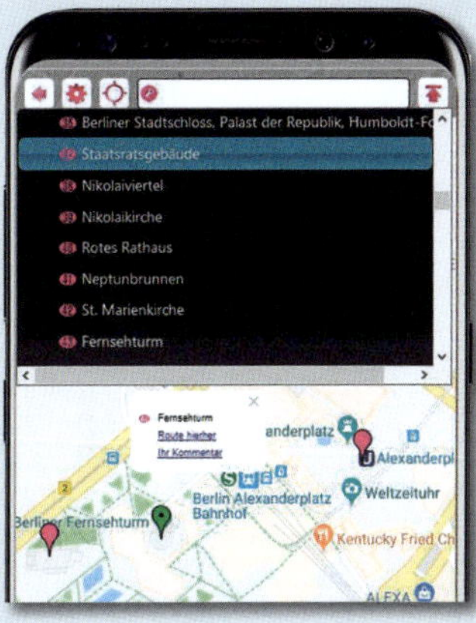

QR-Code auf dem Umschlag scannen oder **www.reise-know-how.de/citytrip/kapstadt24** eingeben und die **kostenlose Web-App** aufrufen (Internetverbindung zur Nutzung nötig)!

★**Anzeige der Lage und Satellitenansicht aller** beschriebenen Sehenswürdigkeiten und touristisch wichtigen Orte

★**Routenführung** vom aktuellen Standort zum gewünschten Ziel

★**Exakter Verlauf** des empfohlenen Stadtspaziergangs

★**Audiotrainer** der wichtigsten Wörter und Redewendungen

★**Updates** nach Redaktionsschluss

GPS-Daten zum Download

Die GPS-Daten aller Ortsmarken und des Spaziergangs stehen auf der Produktseite des Titels auf www.reise-know-how.de zum Download zur Verfügung.

Stadtplan für mobile Geräte

Um den Stadtplan auf Smartphones und Tablets nutzen zu können, empfehlen wir die App „Avenza Maps" der Firma Avenza™. Über die Funktion „Store" kann die „Citymap Cape Town 2024" kostenlos geladen werden.

Meine App-Empfehlungen zu Kapstadt

- **Cape Wine Farms:** Die App empfiehlt und bewertet die verschiedenen Weingüter rund um Kapstadt (kostenlos für Android).
- **MyCiTi:** die Verbindungen der MyCiti-Busse als App (kostenlos für iOS und Android)
- **Radio South Africa:** lokale südafrikanische Radiosender (kostenlos für iOS und Android)
- **Shark Spotter/Shark Spotters:** Wem die Haiflaggen zu analog sind, der checkt auf seinem Smartphone, ob sich gerade Haie an seinem Lieblingsstrand tummeln (kostenlos für iOS und Android).
- **Vivino:** Kostenlose Weinbewertung nach dem Scannen des Etiketts.
- **Zomato: Food Delivery & Dining:** benutzerfreundliche App, mit der man Restaurants in Cape Town finden und Speisekarten ansehen kann (kostenlos für iOS und Android)

MYCITI SYSTEM MAP

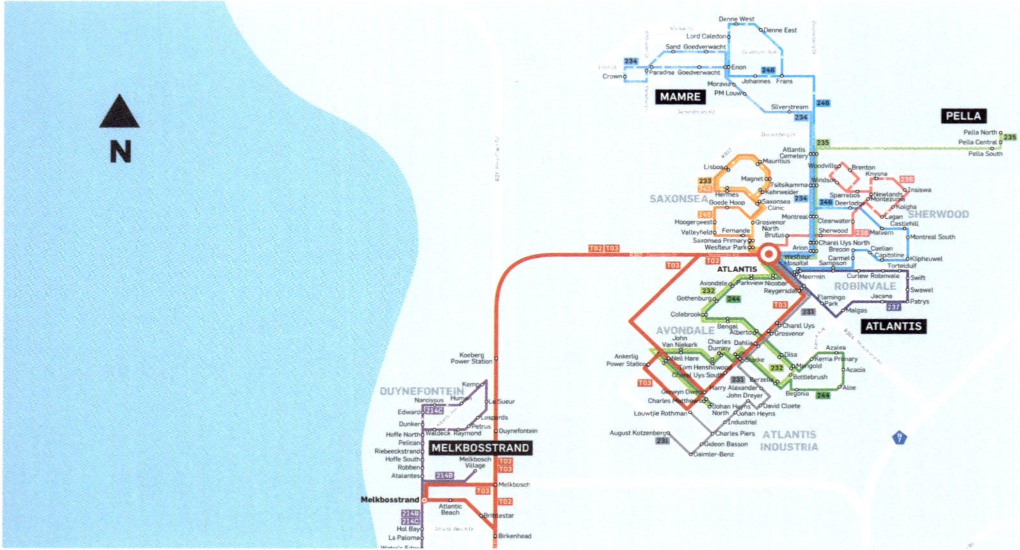

MyCiTi ROUTES

Trunk routes

- T01 Dunoon – Table View – Civic Centre – Waterfront
- T02 Atlantis – Table View – Civic Centre
- T03 Atlantis – Melkbosstrand – Table View – Century City
- T04 Dunoon – Omuramba – Century City

Direct routes

- D01 Khayelitsha East – Civic Centre
- D02 Khayelitsha West – Civic Centre
- D03 Mitchells Plain East – Civic Centre
- D04 Kapteinsklip – Mitchells Plain Town Centre – Civic Centre
- D05 Dunoon – Parklands – Table View – Civic Centre – Waterfront
- D08 Dunoon – Montague Gardens – Century City

Area routes

- 101 Vredehoek – Gardens – Civic Centre (clockwise)
- 102 Salt River Rail – Walmer Estate – Civic Centre
- 103 Oranjezicht – Gardens – Civic Centre
- 104 Oranjezicht – Gardens – Adderley – Waterfront – Sea Point
- 105 Sea Point – Fresnaye – Civic Centre
- 106 Camps Bay (clockwise) – Civic Centre
- 107 Camps Bay (anti-clockwise) – Civic Centre
- 108 Hangberg – Hout Bay Harbour – Sea Point – Adderley
- 109 Hout Bay Beach – Imizamo Yethu – Sea Point – Adderley
- 111 Vredehoek – Gardens – Civic Centre (anti-clockwise)
- 113 Upper Kloof Street – Adderley – Waterfront
- 118 Hangberg – Imizamo Yethu – Sea Point – Adderley
- 213 Sunningdale – Parklands – Table View – Sunningdale (clockwise)
- 214 Parklands – Table View – Melkbosstrand – Duynefontein
- 215 Sunningdale – Gie Road – Wood
- 216 Sunningdale – Wood Drive – Wood
- 223 Sunningdale – West Beach – Table View – Sunningdale (anti-clockwise)
- 231 Atlantis Industria East – Atlantis
- 232 Atlantis Industria West – Protea Park – Avondale – Atlantis
- 233 Saxonsea – Atlantis
- 234 Mamre (Crown) – Atlantis
- 235 Pella – Atlantis